# À la recherche de l'autre temps

Daniel Sibony

# À la recherche de l'autre temps

Préface d'Alain Connes

Odile Jacob

15, rue Soufflot, 75005 Paris

www.odilejacob.fr

ISBN : 978-2-7381-5282-1

# Avant-propos

On est toujours à la recherche de l'autre temps, non seulement sous la forme simple et massive d'une nostalgie des passés, ou d'un rêve de futures délivrances, mais sous une forme plus concrète et immédiate : pendant que nous vivons les instants, il y a dans notre tête et comme au-dessus de nous des « fibres » et des « feuilletages », c'est-à-dire des paquets d'objets et de liens associés à cet instant, qui ondulent dans un autre temps mais qui restent indexés par ce présent que nous vivons ; et, dans leurs mouvements étranges, ces fibres et feuilletages semblent nous garder disponible un autre accès au temps que l'actuel. Cet autre temps peut être inconscient, c'est alors comme du temps mis en réserve, qui pourra se libérer quand on ira le solliciter, quand il sera frôlé par des trajets temporels concernant ce qui nous arrive effectivement.

La valeur de cet autre temps, conscient ou non, est essentielle : nous ne pouvons vivre notre histoire qu'arc-boutés sur le temps actuel et le temps du possible infini, qu'il soit réel ou virtuel ; sans ce couplage, cet entre-deux, on voit le temps glisser, on le remplit comme on peut, sans en être réellement partie prenante, sans être dans le jeu du temps. On comprend que cette altérité du temps préoccupe les poètes, les écrivains, les artistes, les rêveurs ; les physiciens aussi y sont menés par la relativité qui pour le moins altère le temps, et par des théories quantiques où parfois le temps disparaît mais se retrouve, s'il le faut, sous des formes tout autres.

Certes, aucun temps ne nous est disponible, le présent moins que tout autre puisqu'il vient juste de passer, pendant que le futur n'est toujours pas et que le passé a disparu. Mais quelque chose s'impose qui est notre présence : c'est elle qui porte ce présent autour de nous, c'est par elle qu'agissent notre moi, conscient ou pas, et notre corps où s'expriment nos accrochages avec l'objet désiré. C'est notre présence corporelle et psychique qui nous enjoint de chercher l'autre temps, même si on retombe sur le temps commun.

De fait, notre vécu du temps est une recherche de l'autre temps en un sens très simple : on est toujours non pas entre le présent et le passé ou le présent et le futur, mais entre le temps perçu comme actuel et le temps possible, qui relève d'un autre « espace », et c'est le lien entre les deux qui sera vécu temporellement. Après tout, vivre une durée, c'est s'accrocher à une chose et se mettre à « compter », à tous les sens du terme (penser, écrire, s'affirmer, jouir). On confie le comptage banal à la montre ou au tiers et, quand c'est fini, on prend acte du temps vécu *avec* cette chose ou en sa compagnie. La vie se passe à chercher la chose ou l'être qui mérite qu'on s'y accroche pour compter de façon intéressante. Et nous avons le fantasme d'une chose qui serait définitive, mais un tel idéal serait terrible ; heureusement, cette chose n'existe pas : après en avoir fini avec une ou pendant que l'on compte avec elle, qu'on est aux prises avec elle, on s'accroche à une autre et on ouvre un autre compte. Avec le temps, l'essentiel c'est le compte, jamais total et toujours en formation, le compte dans la durée, la prise en compte de l'événement qui l'interrompt et la transforme. Le plus souvent ce sont d'autres qui nous accrochent et nous engagent dans un compte qui est le leur ou qu'ils nous ont concocté, un travail, un programme. Dans ce cas, on ne sent plus le temps, tellement on sent la même chose ou à peu près. Mais c'est l'autre approche du temps qui se met à compter, c'est l'événement, la rencontre avec « la chose », le fait de la percuter, et si l'événement se prolonge, comme un instant très long, c'est une tout autre durée qui s'y produit. Si par exemple cet instant est celui d'une révolution, déclenchée par un acte fort et surdéterminé, ou une rencontre amoureuse qui compte, l'*instant* « magique » se prolonge avec cette durée tout autre, elle instaure un compte nouveau avec cette chose ou avec d'autres qui s'y accrochent.

Autrement dit, ce qui fait sentir le temps, c'est la façon de s'arc-bouter entre une origine et une durée qui s'ensuit, quand l'origine elle-même est comme une gerbe dont les brins ont convergé dans ce point. Pour se sentir « vivre », pour sentir des intensités temporelles, beaucoup se contentent des changements d'activité qui en eux-mêmes n'ont rien à voir avec le temps, ils y trouvent surtout un accrochage initial puis un déroulement du compte, de la durée, cela leur transmet l'idée de temps. D'autres, plus exigeants, ne peuvent se contenter d'un accrochage ponctuel, d'une origine délimitée, fût-elle appelée identité, ils ont besoin de fibrations plus foisonnantes pour faire de cette chose un objet *porteur* de temps, ou ce que j'appelle un « objet-temps » ; de sorte qu'en un sens, ce qui compte vraiment c'est la recherche des objets-temps.

Ce qui justifie ce livre et son titre, c'est de mener cette recherche de l'autre temps à travers un dialogue entre temps physique, temps psychique, temps clinique et temps d'être, temps vécu par le cosmos et par nous-même en mode conscient ou inconscient. L'homme est rivé à la physique comme à une donnée radicale de sa présence, comme physique de son être au monde. Et c'est par ce dialogue que se confirme mon idée sur les « objets-temps » : une situation quantique se révèle être un objet-temps au même titre qu'une œuvre d'art mais avec une rigueur autre. Mon autre idée c'est la « fibration temporelle », selon laquelle les instants portent des paquets de relations qui leur sont associés, qu'on appellera des fibres : un rêve est un espace ainsi fibré, le cours temporel d'une pensée l'est aussi, nous y viendrons. Ces deux concepts (objets-temps et fibrations) décrivent aussi à leur manière une quête de l'autre temps, ou une enquête toujours ouverte. Il suffit de penser au temps de l'écriture, qui semble aussi linéaire que le fil des mots, mais qui en chaque point qui compte comporte une fibre où explosent et se déploient les idées qui hantent l'auteur en ce point-là, à ce moment du travail. Une fibre qui l'interpelle en tant qu'il est, lui, porteur d'histoires et de temps hétérogènes.

Rien d'étonnant si au passage, des croisements se produisent avec la clinique, la physique, l'enfantement et l'œuvre d'art, avec le hasard et la variabilité, avec ce couple étonnant que forment la répétition et l'irrépétable, avec aussi ce que j'appelle les « prises de temps » puisque, après tout, la vraie question touche à l'acte de prendre le temps et d'en donner, et au désir de temps dans l'infini des possibles.

# Préface d'Alain Connes[1]

Deux idées me sont chères concernant le « temps », la première a trait au temps individuel, la seconde au temps de la physique. Nos récentes discussions avec Daniel m'ont permis de mesurer à quel point il a profondément réfléchi au même sujet mais avec des instruments que je n'ai point : la philosophie et la psychanalyse, dans un réel désir de les faire dialoguer avec la physique, dialogue qui fait l'originalité de ce livre. J'admire son intelligence, sa capacité à pénétrer en profondeur dans tant de domaines et son talent pour écrire. En ouverture de ce livre je ne résiste pas à la tentation d'essayer d'exprimer très brièvement ce que j'ai stabilisé dans mon esprit sur le temps individuel et celui de la physique : de mon point de vue la répétition de nos vies, et les habitudes en particulier font que le malheureux temps linéaire des calendriers s'enroule comme une droite irrationnelle dans un espace de dimension plus grande qui n'appartient qu'à nous, que nous créons au cours de notre existence et dont certains d'entre nous font une merveille, comme Proust ou Grothendieck en se retirant

1. Professeur au Collège de France, Médaille Fields en mathématiques.

du monde des futilités pour retravailler l'histoire de leur passé qui n'est autre que cet ouvrage. Écrire une autobiographie fait partie de cet exercice de structuration de notre « temps » et en cas de réussite devrait donner une vue d'ensemble de cet « espace temporel » qui nous est propre et que seuls nous pouvons connaître et édifier. De ce point de vue, nous avons une chance d'échapper aux échéances du calendrier en nous réfugiant à plaisir dans notre espace temporel. Quant au temps de la physique, ce que j'ai découvert c'est que ce n'est pas le « passage du temps » qui est la vraie origine de la « toute variabilité » des choses, mais une raison bien plus fascinante que j'appellerai « aléa du quantique ». L'impossibilité, aussi bien théorique qu'expérimentale, de prédire ou de reproduire le résultat pourtant toujours univoque d'une expérience quantique qui reste gouvernée par le principe d'incertitude de Heisenberg et donne au quantique cette variabilité fondamentale.

L'interprétation de la mécanique quantique se heurte à un phénomène appelé « réduction du paquet d'ondes » qui n'obéit pas à l'équation de Schrödinger. Il nous faut comprendre que la variabilité quantique est plus fondamentale que le passage du temps, et réaliser en quel sens l'intrication quantique donne à l'aléa du quantique une cohérence cachée.

Daniel Sibony, par sa réflexion en profondeur sur le temps, nous ouvre grandes les portes de cette pensée en devenir.

Il est temps de lui laisser la parole, et je vous recommande la plus grande attention.

1.

# Premier survol temporel[1]

1. J'ai été « pris » par le temps de plusieurs façons singulières, outre que je le fréquente comme chacun par le vécu, le souvenir, la nostalgie, le temps perdu ou introuvable, celui de l'exil ou de l'attente, celui de l'amour ou de la détresse, celui des fêtes rituelles où j'ai baigné qui changent « vraiment » la couleur du temps. Et j'ai été chercheur en maths, donc le temps scientifique m'intéresse, il ne dit rien du temps lui-même mais sa beauté, c'est qu'avec une simple notation *t* indiquant un point mobile sur la droite, donc avec une extrême économie il déploie des écritures qui collent aux lois de la physique ; il suit avec cette lettre *t* des corps célestes aussi bien que des corpuscules, il décrit des évolutions, il indexe des dynamiques de toutes sortes et poursuit le long récit de l'univers. Donc ce temps physique nous importe, par lui-même et par ses résonances avec notre vécu, notre pensée du temps, notre fonctionnement psychique.

Le vécu, c'est le temps humain, banal ou poétique, le temps des histoires et de la clinique, le temps des religions ;

1. C'est l'écho amplifié de certaines réponses que j'ai faites à Étienne Klein dans un dialogue à France Culture sur « le temps », le 30 juin 2018.

la philosophie le grignote depuis toujours pour voir de quoi il est fait. Il n'élude rien du temps physique, notamment pas la durée, le déroulement, le récit. Dans la Bible, un de mes livres majeurs avant que j'apprenne le français, il y a un joli psaume, le 19, où le poète énonce : « Les cieux *racontent* la gloire divine et le firmament *fait le récit* de ses actes. » On se dit que s'ils racontent, c'est qu'ils ont toujours raconté, il y avait du récit avant qu'on soit là pour l'entendre, et du temps avant qu'on soit là pour le prendre. Il y aurait un récital de l'univers où les astres et les particules en silence – le psaume insiste sur ce silence –, où *les corps physiques incarnent le « temps » qu'ils déroulent*, qu'ils bloquent et qu'ils débloquent dans l'histoire qu'ils racontent à qui peut la comprendre et peut-être à eux-mêmes[2]. Cela suggère en passant que le temps physique existe sans nous, que les choses du monde, astres ou particules, se le transmettent et se le partagent, que nous sommes pris dans cette ronde depuis notre arrivée récente et que, puisque ça se raconte (et dans la langue originale *raconter* a la même racine que le *livre*), nous sommes appelés à « lire » ces écritures. Notre lecture du monde, par exemple à travers ces astres, est une certaine mise en acte de notre rapport avec le temps. Et peut-être qu'en retour, notre temps serait un effet de notre couplage avec telle réalité, dans notre effort de lecture donc aussi d'écriture ; notre temps serait la mise en acte de ce rapport et le questionnement sur ce qu'il produit.

Pour fixer les idées qui ont tendance à errer, posons ce repère minimal : le temps, c'est la durée et l'événement. La durée, chacun en a l'intuition, et l'événement apparaît comme

2. Le vers suivant du psaume est étonnant : « Le jour en parle au jour, et la nuit fait savoir à la nuit » ; transmission de connaissance entre un temps et le suivant sous la lumière ou dans le noir.

éclat du temps, pincement de nos histoires, singularité chronique dans la trame de nos vies ; son irruption fait craquer la chape du présent, et lorsqu'on le pense et qu'on en fait un événement de pensée, il nous aide à retrouver d'autres niveaux de la présence, de ce temps mystérieux entre le passé et l'avenir, à la fois actuel et distinct du présent[3].

Mais revenons au déroulement. Il suppose un sens, le temps implique l'orientation. Disons alors qu'il y a du temps parce qu'il y a de l'ordre, qu'on est forcé de parler de l'avant et de l'après, de la succession, de la différence, de la répétition. Il y a du temps humain parce que deux sujets veulent parler et ne peuvent le faire à la fois, il faut un écart qui lui-même demande du temps, par exemple celui de l'écoute ou du refus (le refus d'entendre « prend » beaucoup de temps, donc il le révèle). Il y a du temps parce qu'on ne voit pas tout d'un seul coup, il faut parcourir d'un bout à l'autre le paysage ou la page. Il y a du temps parce qu'il n'y a pas tout. L'idée que deux êtres ne peuvent pas parler à la fois comme s'ils ne faisaient qu'un est peut-être un fondement du temps humain, et curieusement, c'est une propriété que l'on réservait à l'espace : deux corps différents ne peuvent pas occuper le même espace, ici l'espace de la parole, ils ne peuvent apparaître à la fois dans le champ de la parole ou dans celui de la vision ; on ne peut pas les superposer. (Or nous verrons que dans le quantique la superposition des états est un principe essentiel ; dans le champ du vécu aussi, en témoigne la musique.)

2. La relativité d'Einstein, découverte il y a plus d'un siècle (1905), nous envoie ce message énorme : si deux personnes

3. Voir mes *Événements I, II, III*, sous-titrés *Psychopathologie de l'actuel*, Seuil, « Points Essais ».

dans un lieu sont synchronisées et si l'une d'elles va faire un tour et revient au même lieu, la durée écoulée n'est pas la même pour les deux, et l'écart est d'autant plus grand qu'elles se meuvent à des vitesses non négligeables devant celle de la lumière. Comme ce n'est pas le cas pour nous autres qui n'allons pas à ces vitesses, loin de là, l'écart en question est infime et ce message ne nous force pas à balayer nos pratiques usuelles du temps, puisqu'elles sont à un niveau d'approximation acceptable. L'idée relativiste torpille l'idée d'un temps pour tous ou plutôt d'une durée qui serait la même pour tous, mais de fait elle ne touche pas nos pratiques ordinaires, lesquelles seraient bouleversées si nous nous déplacions à très grande vitesse. C'est donc notre pensée du temps que l'idée relativiste nous force à revoir, elle nous dit que si deux personnes prises dans le même événement (disons la même heure) se séparent un certain temps puis se retrouvent, cette expression « un certain temps » n'a pas de sens précis car leurs temps vécus sont différents, donc les deux personnes n'ont plus la même histoire. L'idée d'Einstein montre les limites d'une réflexion intuitive sur le temps.

Cela indique aussi que la physique, dans ses plus grandes acuités, peut toucher au réel plus que bien des spéculations philosophiques. Il ne s'ensuit pas que seuls les physiciens ont le droit de parler du temps, la plupart ont l'élégance de ne pas faire taire les autres, puisque tout le monde est empêtré dans un temps éclaté qui croise « de temps à autre » celui que repèrent les horloges, soit le point *t* sur la droite ou sur un cercle. Ce qui nous passionne, c'est le dialogue avec le temps que mènent d'un côté la physique, de l'autre notre psychisme, nos vécus, nos histoires (notre Histoire ? Mais s'il n'y a pas de temps global, y a-t-il une histoire globale ?).

Entre ces dialogues ça communique, le temps banal des montres (ou plutôt la durée qu'il mesure), qui est celui de la physique newtonienne est parlant pour chacun. Galilée qui l'introduisit est parti d'une question qui touche tout le monde, la gravité : « Au bout de combien de temps ça tombe ? » Il se trouve que tous les corps tombent en même temps à partir de la même hauteur quand on néglige les frottements avec l'air. Tous les humains sont concernés poétiquement par cette question. Résonance inconsciente de cette chute des corps : au bout de combien de temps notre corps tombe ? La tombée de la vie comme la tombée de la nuit, ça « prend » du temps, du temps à vivre. Sachant qu'en outre nous tombent dessus des événements qui sont d'abord des blocs de temps accumulé.

La relativité elle-même est partie de l'idée simple que si deux êtres se synchronisent par un signal lumineux, ça « prend » du temps. Cette « prise » de temps minimale est décisive, c'est elle qui crée le décalage de leurs durées et fait que si l'un d'eux bouge par rapport à l'autre, ils n'auront pas vécu la même durée une fois qu'ils se retrouvent. À chacun son temps propre, et s'ils vivent un événement, il faut qu'ils y soient pareillement, totalement pour que ce soit le même, sinon, s'ils sont à distance ou désynchronisés, l'événement sera changé par le « récit » pour se le transmettre (pour se le signaler[4]).

3. Comment « sortir » de la ligne du temps qui semble pauvre pour décrire nos rapports au temps ? Cette question m'a passionné et j'y répondrai plus loin avec la notion de fibre. Pour l'instant, voici comment m'est venue la notion d'*objet-temps*.

4. Plus tard, l'instabilité gagnera non seulement le temps mais l'espace, et la théorie imposera un espace-temps où espace et temps s'entremêlent, ce qui réfute l'idée classique d'un temps qu'on ajoute à l'espace pour y observer des mouvements.

J'ai assisté à la naissance de mon premier enfant, et ce fut pour moi un *choc de temps* : ce corps qui jaillit semble prendre son envol comme un bloc de temps nouveau qui se déplie, comme un « objet » porteur de temps, qui offre aussitôt des filons narratifs, des fils de temps « hétérogènes » qu'on va tirer de mainte façon pour *faire des histoires*. La femme pousse longtemps et soudain il y a un jet, bref ou long (en l'occurrence il fut bref) ; ce jet donne la sensation qu'une nouvelle temporalité se projette, se propulse ; j'ai senti qu'il y *avait* un autre temps qui arrivait, et pas seulement un événement qui m'arrivait. De ce point de vue, la femme enceinte, surtout quand elle accouche, est l'image parfaite de ce que j'appelle un *objet-temps*, un objet porteur de temps. Présent à cette naissance, j'ai vraiment cru voir le jaillissement du temps. Ce n'était pas simplement le début d'une histoire, d'une durée vivante, cela me semblait être un corps de temps dont dériveraient toutes sortes de fibres à venir. J'ai aussitôt écrit un texte appelé « Temps[5] » et j'y ai mis cette notion : l'enfant qui jaillit est un objet-temps ; ensuite, les parents courent après lui pour harmoniser les « tempos », lui inculquer les leurs et trouver de bons équilibres. La vue de cet objet qui se projette avec sa temporalité, sa circulation, sa batterie pulsionnelle évoque sans doute un temps biologique mais l'essentiel est global, corporel, c'est cette giclée charnelle qui se déploie. Plus généralement, on verra que les objets-temps sont des « objets » dont on peut « extraire du temps », ou à partir desquels du temps « émerge ». En fait, chacun d'entre nous a une histoire en gestation, celle qui après coup sera la sienne, et ses fragments, bizarrement *connectés*, sont souvent

5. Paru dans *L'Autre incastrable*, en 1978 ; je m'y expliquais aussi avec le temps d'Aristote, de Heidegger et de Bergson. Le titre du livre semble barbare mais il désigne l'approche d'un certain féminin ; le sous-titre est *Psychanalyse et écriture*.

dormants ou en sourdine, mais par à-coups ça jaillit, « ça se produit », et le sujet se révèle être un objet-temps, porteur d'instants et de durées qui se placent dans la trame connective.

D'où l'idée que le temps est un déploiement de lectures possibles, un ensemble de déroulements qui s'ordonnent tout en laissant place au désordre comme pour permettre que d'autres temps apparaissent[6]. Peut-être que le temps « c'est » tous les déroulements possibles : on l'a dit, avant que nous soyons sur terre, ça se déroulait, on en a une vague idée mais grâce à la physique on le sait : quand elle reproduit les conditions initiales du cosmos, elle convoque et assiste à un déroulement qui a bien existé, et elle vient après quelques milliards d'années (13,7), déchiffrer ces temps lointains en les voyant se dérouler.

La vue de l'enfant qui naît en criant est aussi le début d'un déroulement, un Big Bang humain dont on tire à chaque moment les conséquences en les voyant *se* dérouler ou en les provoquant. Un Big Bang précédé par d'autres aux origines indécises et suivi par ses répliques jusqu'à ce qu'on nomme très bizarrement la « fin des temps ».

Dans la recherche mathématique, le problème qu'on explore sert de source temporelle d'où il faudra tirer des fils, et pour qu'il y ait du passage et du temps signifiant, on perturbe les données en essayant de « séduire » le corpus mathématique pour qu'il se passe quelque chose, on cherche des résonances entre nos traces et les réactions du corpus, disons même du « corps » de lettres, à coups de simulations, histoire d'établir un contact et de produire un petit événement. Le but est de

6. Et si aucun déroulement n'est observable ? Cela voudrait dire que rien n'apparaît, et qu'on est dans le noir total ou le néant. Mais en principe, là où nous sommes, c'est impossible, tout ce qui apparaît se déroule, l'apparition *raconte*, et celle des astres ne cesse de raconter.

faire en sorte que la réalité mathématique soit sensible à nos façons de la questionner, et d'ajuster ces façons pour que la réponse soit productive.

Des « objets-temps », on en trouve aussi dans l'art, où l'œuvre, si elle est prise dans un mythe, relève du temps de ce mythe ; et si elle n'y est pas prise, elle le construit et fonctionne comme objet-temps : elle porte à la fois le temps qu'on a mis à la créer et le temps qu'elle *raconte* à l'intérieur. Exemple, le film : on y est dans deux temps, dans sa durée (près de deux heures) et dans son temps interne qui connaît des remous par lesquels il diverge vers d'autres temporalités, avec des cycles, des retours, des retournements ; ce qui nous attire, ce sont les retours qui rassemblent toutes ces durées. Bien sûr, on peut dire que « tout ça, c'est une illusion », que même le temps est peut-être une illusion, mais le rapport à cette illusion est bien réel : des gens s'entre-déchirent réellement autour d'elle.

Mieux vaux ne pas dire que le passage du temps est une illusion, car cela implique de dire que la vie est une illusion, puis de distinguer les illusions intéressantes, porteuses de fortes différences de celles qui le sont moins ou qui sont improductives. Supposons donc que nous soyons dans l'« illusion intéressante » où, quoi qu'il se passe, c'est signe que le temps passe, et inversement. Un tableau de Jasper Johns (expressionniste américain) acheté dix mille dollars est revendu trente ans plus tard cent millions ; entretemps, il s'est passé que des foules aiment cet art et que des critiques les y incitent ainsi que les lois du marché ; certains objets se valorisent « avec le temps » parce qu'on ne peut pas les répéter dans ce qu'ils ont d'original, quel que soit le temps qu'on y mette. C'est ainsi que les œuvres d'art deviennent sources de profit. L'immobilier aussi : le prix d'un logement acheté il y a trente ans à Manhattan a

décuplé ; en l'occurrence, le facteur temps qui contient « tout ce qui s'est passé » se renforce par le fait que l'espace est rare, confirmant que le temps et l'espace sont indissociables.
4. Autre exemple, la *croyance* est un objet-temps, mon travail sur les religions le suggère fortement. En un sens tout le monde croit, c'est-à-dire investit sur un objet ou une idée une part de son narcissisme qui exige de ne pas être gardé pour soi, pas tout entier, de sorte qu'on en délègue une partie *en attendant* que ça produise ou que ça capte une énergie. Mais quand une croyance se fixe, cela produit un objet porteur de temps dont on peut tirer des fils narratifs, des récits réalistes ou fantasques que la croyance a retenus et dont elle se nourrit. Les religions ont travaillé cette veine et ont cyclé ou recyclé ces potentiels de temps. Chaque *monothéisme* (ils sont trois, ce devrait être un trait d'humour) apporte son échelle de temps, son origine du temps qui compte. De même un mythe ou un fantasme est un objet-temps, une réserve d'histoires, et on ne connaît pas d'avance toutes les histoires qui en émergent. Les croyances sont une réserve d'histoires, retenues comme l'eau dans un barrage ; elles entremêlent mythes et réalités et impliquent des rituels qui sont des facteurs de temps, des inscripteurs de durées. Les rites actualisent un fantasme collectif devenu mythe, c'est-à-dire montage d'écritures. Tout cela implique que l'on déroule un texte : le nerf du temps à l'œuvre dans toutes ces occurrences, c'est qu'*une histoire se passe* ou s'est passée « à l'origine » et son récit retrouvé se déroule. Car *l'origine est une histoire qui continue*. Nous verrons que c'est aussi un objet-temps et toute tentative de tirer un fil de temps se donne une origine pour la prendre comme départ. Une durée, c'est d'abord une origine et un comptage. L'objet-temps, lui, est un « temps sans fil », et sa rencontre se donne comme nouvelle origine.

5. En relisant ma thèse de mathématiques, je constate que même quand j'étais un pur matheux, j'étais captivé par *l'idée d'extraire du temps à partir d'une situation ou d'un « objet »*, par l'idée qu'une situation offre un temps particulier et intrinsèque qu'on peut « prendre » et déjà faire apparaître si on sait le faire[7].

C'est donc par plusieurs voies ou plusieurs fibres que je questionne le temps, depuis plus longtemps encore puisque, ayant grandi dans une ambiance biblique, j'étais toujours entre un temps archaïque et un temps actuel, sachant que ce Texte a d'étranges rapports avec le temps ; par exemple, pour dire « un sauveur viendra », il dit « ET un sauveur est venu » ; de même que s'il dit « ET l'homme arrivera », cela signifie « l'homme est venu » : la conjonction ET relie passé et futur sans passer par le présent. C'est comme si l'avenir promettait du passé, et le passé, de l'avenir si l'on y ajoute quelque chose, mais quoi ? Si on y met plus de corps et de désir[8] ?

Chacun en a plus ou moins l'intuition : une rencontre est une promesse de temps ; qu'un autre corps s'ajoute au vôtre, qu'il y ait vous ET lui, c'est une ouverture sur le passé et l'avenir alors qu'on est au présent. C'est un présent où l'on aime que l'autre dise ce qui se passe ou ce qui s'est passé pour lui. Cela stimule la recherche d'un autre temps.

6. En somme, on est aussi constitué de faisceaux de fibres temporelles hétérogènes qui se connectent dans notre âme-corps (les deux s'unissent dans la présence, sans être pour autant identiques), mais qui souvent restent inertes, laissant passer le

7. Je l'évoque à la fin, dans l'« Annexe mathématique ». En l'occurrence, il s'agissait, partant d'un ensemble de fonctions sans rapport avec le temps, de lui trouver des propriétés globales qui permettent d'en tirer du temps, des processus temporels ayant un sens physique.

8. Nous en reparlerons plus tard au chapitre 42 sur le temps d'être.

temps banal. L'enfant, lui, n'arrête pas de faire jouer le temps et cela rappelle le fameux mot d'Héraclite : le temps est un enfant qui joue à déplacer les pièces de son jeu. Il ne dit pas : « Le temps, ce sont les permutations d'un jeu... », il dit que c'est l'enfant qui est le temps ; que le temps est un corps vivant qui joue et qui permute, retrouvant les mêmes pièces disposées autrement. L'enfant qui joue est lui-même l'ensemble des permutations de ses pièces, incluant les anagrammes, qui sont des permutations, pour revenir au même point ou à peu près, avec des écarts signifiants. Héraclite ajoute d'ailleurs : « À l'enfant la souveraineté », autrement dit : « Laissez remuer en vous toutes ces fibres, tous ces temps linéaires, ces connexions de mémoire qui rappellent le temps ou qui le perdent, permutez des bouts de votre partition, de la partition que vous êtes, c'est l'enfant en jeu qui dominera en vous ou qui aura le fin mot », autrement dit, c'est votre part d'inconscient.

Et cela rejoint son autre aphorisme : « On ne se baigne jamais deux fois dans le même fleuve » ; façon de dire qu'il n'y a pas de répétition qui ne révèle du temps. L'anagramme intéressant de cette phrase[9] est : « La vague, sans fin modifiée, emmène nos jeux de sable. » C'est du même ordre : la vague efface nos jeux et donne de quoi les renouveler en se répétant. Et qu'est-ce qu'une vague sinon un jet de temps qui prend sa source dans la mer et qui « compte » sa trajectoire jusqu'à sa chute, qui la calcule comme un homme la sienne jusqu'à son effritement ?

Cela fait écho au poème de Mallarmé : « Un coup de dés jamais, quand bien même lancé dans des circonstances

9. Trouvé par Jacques Perry-Salkow et signalé par Étienne Klein dans *Matière à contester*.

éternelles, du fond d'un naufrage, n'abolira le hasard... » Il a tenté, comme tout créateur, de retrouver cet instant paradoxal, celui de l'origine impossible, instant pour lui aléatoire, cosmique, océanique et concret comme le sillage du voilier qui penche.

7. La fascination pour l'origine du temps est-elle due au fantasme déterministe que si on la connaissait tout le reste s'en déduirait ? Pourtant, de la connaître (de la reconnaître) pourrait la perturber, voire la changer, et l'on sait faire des modèles mathématiques déterministes où, quand on perturbe même de très peu les conditions initiales, on tombe sur un système imprévisible. Notre fascination est plutôt pour la source, pour l'idée de se *ressourcer*, de trouver de nouvelles forces après un temps de chute ou d'épuisement. L'idée que la chute n'en a pas fini avec nous.

On ne peut pas vivre « dans » ses origines, le temps est à la fois coupure des origines et pouvoir de passer à la suite, et d'y ménager des retours. Dans la vie, on est toujours sous le coup de conditions initiales qui nous échappent, on travaille à dire la « suite » d'une origine qu'on ignore et d'où l'on fut « expulsé ».

L'origine serait un grand Objet-temps où l'on pourrait puiser du temps pour compenser la perte. On a toujours perdu du temps, on aimerait donc remonter, comme le saumon aux sources pour se reproduire et déjà pour se féconder. Cette source est globalement introuvable, mais localement on la trouve si on peut se créer de « bons » commencements. L'idée de commencement exprime la décision de poser qu'à partir de maintenant ça va compter, qu'il va se passer des choses. Or le compte c'est aussi le temps ; dès lors qu'on peut « compter » soi-même, on peut « prendre » du temps, sinon, le temps devient insaisissable. Commencer, c'est décider de prendre le temps à bras-le-corps.

8. Il y a un curieux compte qui se déclenche dans le récit de la Genèse, fiction très éloquente où s'exprime un Commencement symbolique : *à partir de maintenant ça va compter.* Et on égraine les séquences : « premier jour », avec la masse de ce qui s'y « crée » (la coupure ciel et terre), « deuxième jour », jusqu'à six ; on ajoute même un jour pour rien, de quoi marquer une pause, une nouvelle origine dans le travail de création, laquelle est donc à comprendre comme *l'entrée dans un autre temps*, celui d'une parole, d'un récit, d'un flot d'histoires qui vont déferler. Il ne s'agit pas d'y croire ou pas mais de comprendre ce qu'elle signifie : un lancement du temps dans sept directions, y compris la dernière, la direction « vide », purement indéterminée. C'est une relance de dés cosmiques avec chacun son potentiel de temps multiforme ; une pluralité d'origines avec, partant de chacune, un compte nouveau en formation. C'est donc l'acte temporel majeur tel que nous l'avons pointé : une origine suivie d'un compte. Bien sûr, *il y avait* du temps avant, contrairement à ce que croit une dévotion qui a rendu ce texte subtil bien trop naïf, il y avait du temps mais ça ne comptait pas vraiment parce qu'on ne savait pas le compter, l'envisager, compter avec. Et voici qu'on déclare : on va ouvrir un autre compte, un autre temps *avec* l'idée de *commencement.* Idée qui intéresse tout le monde, même si certains s'y noient, ceux qui n'arrivent pas à commencer, qui tournent autour du commencement sur un mode compulsif ou phobique. C'est que l'enjeu n'est pas mince, l'enjeu de commencer la chose ou la phrase *en son propre nom, sachant qu'on partage ce nom avec les siens* (avec ses parents, sa tribu) et qu'on doit faire une

*coupure-lien* avec eux[10]. On doit marquer un écart qui comporte entre autres l'écart des générations. Et le temps de cet écart est crucial : c'est à la fois une durée et un événement, une durée qui s'inscrit comme événement pouvant se déployer et engendrer d'autres effets. Tout cela intéresse quiconque tente de faire acte et d'en recueillir les effets.

Cette pseudo-origine présente un réel intérêt pour la « pratique » du temps. Voilà un texte qui veut poser une configuration particulière (du monde et des hommes) pour servir de condition initiale, à partir de laquelle il y aura des hauts et des bas d'ordre et de chaos, de rétention et d'irruption, ce n'est pas rien[11]. Cette donation d'origine n'a de valeur que comme donation de temps pour qui veut pouvoir compter, tirer des fils narratifs, faire des histoires. Et les comptes et les histoires se jugeront à leurs valeurs dont l'échelle reste à faire. L'acte de se donner du temps passe par celui de se donner une origine par laquelle passent et repassent des trajets de vie. Et c'est le cas de cette histoire telle qu'elle nous est racontée, elle finit dans l'exil et la ruine, qui seront une nouvelle origine à partir de ces traces, un nouveau départ du travail de pensée et de mémoire d'où s'ensuivront des rebonds qui eux-mêmes seront en partie ruinés (exterminés) mais non sans de nouvelles relances à travers les traces mêmes de leur effacement donc aussi à travers leur résistance à l'effacement. Les traces du temps ne sont que des arrêts d'un processus ou d'un mouvement, *a fortiori* les traces de la « lettre » prise dans le temps.

10. La notion de coupure-lien est introduite dans *L'Amour inconscient*, Grasset, 1981.
11. On peut aussi voir ce coup de force comme un Big Bang symbolique, avec un ordre maximal, donc une basse entropie, une base entropique à partir de laquelle toutes sortes de pertes et de durées vont compter.

9. Le futur peut agir sur le présent, c'est banal : si je m'apprête à une action, je la prépare en conséquence. Mais il peut aussi agir sur le passé : un patient découvre qu'il a vécu à cinq, six ans un événement anodin et d'en parler à présent lui révèle l'événement comme traumatique, son récit actuel change soudain sa réalité passée, c'est l'après-coup. Une jeune femme vient parler de ses obsessions : elle est sûre d'avoir fait des attouchements aux bébés qu'elle gardait autrefois, ce qui la rend très coupable. L'analyse montre rapidement qu'elle avait eu, à 13 ans, des attouchements avec le médecin du camp d'été, qui se révélèrent, au fil du récit, avoir été des rapports sexuels. C'est de cela qu'elle se sentait coupable. Quand elle comprit la part qu'elle y avait eue et le fait que cette part pulsionnelle l'avait débordée, ses obsessions disparurent, elle n'a pas pu être pédophile mais elle comprit qu'on l'avait été avec elle, qu'elle avait été « gentiment violée », mais qu'autrefois elle ne l'a pas vécu ainsi, elle avait été consentante.

On se demande si c'était là en attendant que ça arrive au futur, ou si ça arrive au futur comme trauma parce que c'était là au passé sans être tout à fait là. Cet effet d'après-coup réactive le passé à partir de l'avenir dès lors qu'il y a un corps parlant qui fait le lien. Dans l'exemple cité, la fillette a eu des attouchements, mais à l'époque elle était comme absente. Enfants et adolescents peuvent se défendre par l'absence à l'événement qui sinon serait trop lourd. (Le temps s'abolit par l'absence tout comme ailleurs il émerge par la présence.) Plus tard, en parlant, elle évoque sa culpabilité massive, elle est troublée et reconnaît que « ce n'était pas que des attouchements ! », elle découvre un viol par un adulte. Il y a donc un îlot de temps qui n'a pas passé, cela veut dire que la linéarité du temps à laquelle cette personne a droit présentait des obstructions.

Un autre exemple me revient, une femme me consulte un jour avec entre autres ce symptôme : elle avait « trente-huit de fièvre tout le temps ». Il m'échappe : « Bon, vous n'avez pas trente-neuf ! », et elle enchaîne : « Peu avant trente-neuf, ma mère a livré mon père aux nazis. » C'était en 38, en Allemagne, elle l'avait dénoncé comme n'étant pas de la bonne race. Cette histoire, la patiente l'a gardée comme une pierre chaude dans son corps qui « faisait » trente-huit. Comment la traduction s'est-elle faite, pourquoi pas avec un tic ou un bouton ? Le chiffre a joué, peut-être avait-elle eu trente-huit un jour et son corps l'a-t-il retenu. Un symptôme est porteur de temps et attend que certains le prennent, le prennent en compte, le dépensent si c'est du temps stocké, qu'ils réapprennent à prendre le temps. Dans le symptôme, le temps est remonté (parfois très remonté) et s'est fixé en concrétion pathologique qui met le sujet en souffrance, c'est-à-dire dans l'attente d'un autre temps, d'une émergence de temps, d'une rencontre entre le passé et l'avenir dans un autre présent.

Certains passent une bonne partie de leur temps à éviter le futur qu'ils appréhendent comme pouvant être traumatique, alors que le trauma potentiel est au passé. Quand ils voient un bloc qui surnage, ils « voient » un iceberg, ils l'évitent et passent leur temps à éviter les conflits, qu'ils perçoivent comme l'annonce d'un trauma. La peur du conflit est une des clés de notre culture consensuelle qui en même temps « déplore la violence » alors que cette peur la produit, la reflète et la fixe. Cette gestion lisse le temps, car toute singularité peut mener au précipice, tout gondolement du temps signale une présence autre[12].

12. À propos de gondolement ou d'espace courbe, la relativité générale nous offre l'espace-temps comme une « surface » qui se gondole, qui a de fortes courbures quand la matière est présente, c'est d'autant plus courbé que la matière y est plus dense.

10. Il y aura donc une clinique du temps. La souffrance modifie le rapport au temps. En vieux français, *souffrez* veut dire « attendez », « soyez patient », on parle ainsi d'une lettre en souffrance, qui n'est toujours pas lue. Le patient est quelqu'un qui attend – que ça se passe, qu'on lise son symptôme, qu'on le déchiffre pour qu'il cesse de « pâtir ». La souffrance ouvre une durée en forme d'attente, elle est différente de la douleur : la douleur est un bloc de temps absolu, on y est collé à soi-même, sans l'écart avec un « but » qui induirait un espoir de soulagement. On peut par des drogues la casser et la transformer en souffrance, donc en attente même sans objet. Et si dans cette souffrance un ami vous rend visite, ce sera une bouffée lumineuse de temps.

Le temps du deuil est le temps que prend pour faiblir la douleur de la perte, on ne peut pas tricher avec ; dans certaines traditions on a fixé des moments clés, sept jours après la mort de l'être cher, puis un mois, puis un an. Là-dessus, une femme m'apprend par téléphone la mort de sa mère « il y a vingt-huit jours », ajoutant « c'est très dur » et « je ne sais pas faire avec ça ». Comme c'était sa tradition, je lui dis : dans deux jours, si vous faites le rituel du mois de deuil, avec évocation et collation, votre souffrance s'atténuera. Réponse : on a fait « le mois » en même temps que « les sept jours », d'une pierre deux coups ; sauf qu'à vingt-huit jours elle se sentait très mal, le temps du cœur n'a pas suivi celui de la logistique.

Il y a des deuils plus difficiles, celui d'un homme jeune et tonique atteint d'une maladie (par exemple celle de Charcot) : c'est le deuil de l'objet aimé, mais cet objet c'est son corps, qui est perdu et toujours là et qu'il voit se décomposer. Il a appris que le temps qui reste à vivre est bref, qu'en fait il n'y a plus de temps, mais il garde espoir ; là est le mystère, il se relève après chaque chute, recharge encore un peu son amour-propre et tient jusqu'au dernier moment, qui reste le plus souvent insituable tant l'espoir est tenace dans la durée suivante, comme si l'idée de « suite » et d'« encore » était rivée dans notre chair.

La fin des souffrances de la vie, les religions l'élaborent sous la forme d'une « fin des temps » marquée par un « jugement dernier », un jugement auquel enfin personne n'aurait rien à redire, dont tout le monde serait content ; c'est le fantasme d'un événement sans précédent et sans avenir. Des sectes attendent la fin des temps, elles veulent achever le temps, en finir avec, mais il est comme la vie, plein de bien et de mal, et elles ne veulent que le bien conçu par elles ; toutes les sectes ne (nous) veulent que du bien. Le temps de l'imprévu les fatigue. Nous voilà donc avec quelques lueurs sur la question : Comment « prendre » le temps, à la fois pour le penser et pour le vivre ? Il y a déjà une « prise » de temps qui s'est faite sans nous, qui s'exprime *via* les horloges, les agendas, et qu'on essaie de rendre cohérente ; on s'y raccroche spontanément pour marquer une durée et fixer des origines. Si le temps a parfois quelque chose d'irréel, il est clair qu'on le « réalise » à chaque prise de temps, on le fait exister en le « prenant ». Et s'il dépend de nos façons de le prendre, qui ne sont pas purement subjectives bien qu'elles n'entrent pas dans la physique, voyons de plus comment il se « présente ».

2.

# La durée

Le minimum pour qu'il y ait temps, c'est l'événement et la durée, donc la succession, l'ordre, l'avant-après. L'événement, on en a une idée[1] et la durée est entre deux événements, l'événement, entre deux durées. Il y a aussi des mises en ordre d'événements appelées chronologies, avec des conditions très simples pour que cet ordre tienne ; et il y a des synchronies, des simultanéités. Toutes ces notions sont connectées et leur « synthèse » variable s'appelle le temps *parce qu'on réfère les durées à une origine.* On l'a dit, le minimum qu'on appelle « temps » c'est le couplage d'une origine et d'une durée qui se déroule, l'origine étant prise comme un événement. Puis la durée se déroule jusqu'à l'événement qui l'arrête. Le temps est un mixte de durées et d'événements hétérogènes, l'événement étant un bord ou une coupure dans la durée.

On ne peut pas définir le temps sans recourir au temps ; de même que pour définir l'être on se sert du verbe « être ». (Dire comme je le fais que c'est l'infini des possibles,

1. Voir nos *Événements I, II, III, Psychopathologie du quotidien,* au Seuil, « Points Essais ».

c'est encore se servir de l'être, puisque « possible » signifie ce qui peut être.)

Parmi les propriétés intrinsèques du temps, l'une est qu'il ne revient pas sur lui-même ; l'autre, que la durée implique un récit, donc une lecture. Inversement, toute lecture implique une durée, donc un ordre ; il peut n'être pas total mais laisser en suspens la question de la précession (de deux événements, lequel précède l'autre ?). Il peut remplacer cette notion par une causalité complexe que le récit précisera.

En fait, on ne connaît que *nos rapports avec* le temps, avec l'espace ou l'univers, avec Dieu ou avec l'être. On explore les idées qu'on s'en fait et on retient celles qui nous donnent des retours intéressants, qui confortent nos expériences et nous les font pousser plus loin. On devrait mieux connaître ces rapports, ils comptent plus qu'une « définition » du temps qui, en dehors de l'événement et de la durée, se dérobe.

Ce qui est sûr, c'est que même dans mon temps propre, c'est-à-dire quand je suis le référentiel, je consomme de la durée du fait que je suis dans un « bain thermique », soumis à la flèche du temps ou à un champ d'entropie. Cette durée vécue et à peu près articulée à celle de chacun sur terre n'est pas une illusion. (« À peu près » car en toute rigueur, mon présent n'existe que pour moi.) Ce qui semble une illusion, c'est un temps qui serait le même pour l'univers. D'autres choses liées au temps ne sont pas des illusions, par exemple l'irréversible : si une chose vient d'être dite, il est impossible qu'elle ne l'ait pas été. De même sur une étoile lointaine. La notion de durée a un sens et le temps ne revient pas sur lui-même. Il s'ensuit des banalités qu'on hésite à reprendre : l'événement « mort », pour un sujet ou une étoile, n'est pas l'événement « naissance », la vie est une durée qui s'achève, et si elle « recommence », ce n'est pas la même. Le non-retour n'est pas une illusion, et le retour est un désir, surtout s'il se veut éternel.

Le temps de la durée est orienté, il va vers la durée croissante. Notre mémoire oriente le temps, on se rappelle le passé, mais l'avenir, on s'y projette. Certes, il y a les « souvenirs d'avenir », l'expression a un sens poétique, elle met l'avenir déjà sous le signe de la mémoire, elle dit qu'on y trouve un rappel, que l'inconnu offre un appui et elle projette le sujet un peu au-delà de lui-même.

Que dit la physique, science du cosmos, des résonances qu'elle révèle avec nous autres microcosmes ? Elle dit que pour des événements impliquant de grandes vitesses, par exemple pour deux événements célestes, on ne peut pas décider lequel des deux précède l'autre. La question est indécidable ou bien dépourvue de sens ; il y a donc une source infinie d'indécidable ou d'insensé, tout comme dans le quantique il y a une source infinie d'irrépétable. Ces deux sources, on les retrouve, autrement actives, dans le champ de l'humain qui se reproduit : à travers les répétitions, l'unicité domine, donc l'irrépétable, qu'on retrouvera dans le quantique et qu'on exprime plus banalement : chacun est unique même s'il passe beaucoup de temps à copier l'autre.

La physique nous dit aussi que le temps passe parce qu'on est dans un bain thermique, le passage étant marqué par la perte de chaleur depuis le Big Bang. Cela oriente le temps car si un corps perd de la chaleur au profit d'un corps froid, c'est irréversible[2]. Au niveau du vécu, les humains ont plutôt perçu qu'on est dans un bain de lumière, celle-ci étant

2. Cette perte s'exprime aussi comme accroissement de l'entropie ou du « désordre ». Mais le temps n'est pas l'entropie, il est orienté par le fait que l'entropie augmente.

variable, après tout : le Big Bang s'est aussi traduit par de la lumière. Il s'est passé quelque chose de très complexe mais dont on peut mesurer une trace modeste : l'ombre variable d'un bâton sur le sol ou sur le mur (cadran solaire) ; cela suffit pour compter.

Sur terre, le temps ordinaire est une bonne approximation, mais dans le ciel, à grande vitesse, il est inadéquat : deux histoires qui ont le même début et la même fin n'y auront pas la même durée. La chose résonne assez fort pour nous-mêmes : deux personnes qui sont ensemble, en plein accord temporel, si elles se quittent et si plus tard elles se retrouvent, n'auront pas entretemps consommé la même durée. Dans les deux cas, physique et personnel, on néglige l'écart, on est « approximatif » : notre expérience temporelle n'a pas besoin d'une précision cosmique. Mais notre pensée du temps doit tenir compte des points de vue relativiste et quantique quand les idées qui s'en dégagent font sens pour nous. On a donc un temps pratique pour nos relations personnelles et sociales où les temps propres de chacun sont grossièrement connectés. Pour le reste, on verra que c'est l'espace-temps qui fait l'affaire, les quatre propriétés du temps newtonien, à savoir la datation, la durée, la chronologie, la simultanéité sont absorbées dans l'espace-temps, il n'en reste que *des durées locales avec comme ordre celui de la causalité*, qui est loin de l'ordre total de la droite.

Le fait que deux personnes qui se séparent ne sont plus synchrones alors qu'elles l'étaient au départ est important, bien que l'écart mesurable soit infime[3]. Ce fait nous importe

3. Si deux montres sont synchrones et si on en pose une au sol, l'autre sur la table indique l'heure avec un décalage de l'ordre du milliardième de seconde.

par son existence : il entame la croyance qu'on a le même temps (les mêmes durées) si on a pris au départ la « même heure ». Cette cassure a sans doute des effets symboliques : nous sommes tous décalés l'un par rapport à l'autre même quand on pense s'être mis en parfait accord. Chacun a son « temps propre » qui n'a pas la même durée que celui des autres : il n'y a pas de temps commun. Ce pavé dans la mare de l'« universel » au nom de l'exactitude, d'un plus grand respect du réel, restaure l'individualisme. La relativité restreinte promeut le singulier et le subjectif dans l'histoire, et nous confirme qu'on ne peut rendre (à peu près) universel que le singulier. Elle promeut donc le « singulièrement universel[4] ». En un sens, elle libère les individus et les renvoie chacun à son temps propre (la relativité générale, elle, les rassemble tous dans une même géométrie). Le décalage entre le temps de deux personnes c'est le temps qu'il leur faut pour s'accorder, aux plans conscient et inconscient.

Derrière l'idée de temps, il y a surtout une dynamique de lecture et de mémoire qui nous fait suivre son cours, qui rappelle le passé pour le questionner autrement. C'est vrai du temps physique comme du sujet. Dans l'espace-temps, on a des segments (ou des lignes) d'univers, ce qui fait aussi résonance avec la lecture, l'écriture, le déroulement d'un récit.

Par-dessus tout cela, Einstein croyait à la réalité purement objective, et n'aimait pas du tout l'idée que celui qui l'observe la perturbe et y prenne part de ce fait au point de la transformer rien qu'en la regardant. L'idée est pourtant belle : on ne peut pas regarder la réalité sans y être impliqué, c'est ce qui ressort du quantique et ce n'est pas si opposé au fait que chacun a son

4. Notion introduite dans *De l'identité à l'existence.*

temps propre. Tout comme la relativité, la physique quantique donne une place de choix à l'homme puisqu'elle déclare que la réalité physique ne peut pas se définir sans prendre en compte le fait qu'il l'observe et les traces qu'il en laisse.

3.

# Le présent

Le présent, on le désigne par un instant qui à peine nommé est déjà passé. Pourtant, quand on le vit, il nous semble assez stable, il nous enveloppe le temps d'une scène, d'une journée, parfois même d'une époque (on parle des idées « actuelles » qui rompent avec celles « du passé »). Le paradoxe n'est qu'apparent si l'on pense que notre présence assure la continuité, même relative. On peut même dire que le présent c'est ce à quoi nous sommes présents ; il colle à nos présences et on dirait qu'à cause de notre inertie, il met du temps à passer. Il semble nous laisser un crédit de temps, le temps de voir, de décider ou de remarquer un changement qui fera de ce présent un passé. Prenons par exemple le bloc de temps que constitue une soirée quelconque. Il semble que la caméra cosmique, braquant sur chacun son projecteur, laisse son présent à la fois filer doucement et s'installer, qu'elle attend de voir comment ça tourne, et quand elle trouve que ça suffit, elle coupe. C'est comme un « noir » au cinéma : allez rêver braves gens, et revenez au présent de demain. Il y a le « noir » de la nuit et le noir d'un trou de sens qui fait que ce présent ne peut plus le rester, et qui suggère de revoir la chose autrement.

Quant à l'« insaisissable » du présent, il faut rester calme : « saisir l'instant présent », ce serait quoi ? L'instant présent entre nous, là dans cette réunion, vient de passer mais il reste une *instance* assez présente. Le présent semble rester présent un certain temps, le temps qu'une présence se transforme.

On a beau étudier, disséquer nos modes de perception du temps, cela ne change rien à l'épreuve essentielle du présent pour chacun. Ce présent, dont la science ne dit rien ou presque (ce qu'Einstein déplorait), autorise tout le monde à « parler du temps », et chacun en profite. Parfois très lucidement sous des airs simples, comme la rengaine « Le temps, le temps et rien d'autre, le tien, le mien, celui qu'on veut nôtre… » : elle rappelle que ce qui compte c'est notre rapport au temps ; c'est d'ailleurs un rapport au temps que mesure la physique[1].

Ce qui est sûr, c'est qu'on n'a pas, pour le futur et le passé, l'équivalent de la présence pour le présent, présence qui assure son apparente continuité[2].

On peut presque comparer les présences, par exemple, cet homme vous précède si sa présence précède la vôtre, au sens où *il existe* des parties de son présent qui précèdent *toute* partie du vôtre. C'est notamment le rapport parents-enfants, rapport temporel assez complexe : les parents sont avant, et avec leurs enfants ils sont dans le même présent, avant de s'y produire comme du passé, et ils mettent toute une vie à incarner ce

1. Une mesure du temps en physique est un dispositif (sophistiqué si l'on veut une grande précision) qui utilise l'alternance, la répétition, un objet tiers qui lui-même porte une durée ; bref, la mesure convoque la relation du temps avec lui-même *via* le passage de la durée.

2. Au sens physique, cela exprime le fait que ce que nous voyons est une découpe à l'instant $t$ de l'espace-temps où nous vivons, une coupe selon un plan de cet espace à quatre dimensions, le mouvement des plans de coupe n'est sensible que lors d'un événement intense ; sinon, les variations sont continues et la découpe est assez stable.

passage vers l'effacement, où le présent ne cesse de pencher vers le passé. Ce rapport parents-enfants étale la complexité des liens entre passé et présent, au sens où tel présent « engendre » tel avenir qui se tiendra près de lui comme présent ultérieur et qui soudain le basculera dans le passé. C'est une image abusive car tout cela se fait « à l'instant », mais on peut envisager un ralenti.

La question parfois posée : « Où est le passé et où est le futur ? » n'épargne pas le présent ; où est-il, au fait, puisque aussitôt qu'on y est on n'y est plus ? Mais la question est trop spatiale, ces trois temps sont dans leur niveau d'existence spécifique, dans une dynamique qui les fait interagir de façon non quelconque. Elle les raccroche aussi à un niveau de hors-temps qu'on peut appeler l'inconscient, et que d'autres appellent le divin. Saint Augustin[3] se bat avec cette question et ne la « résout » qu'en situant ces trois temps « dans » une sorte de présent éternel : il dit qu'il y a, non pas le passé, le présent et l'avenir mais le présent du passé, le présent du présent et le présent de l'avenir. Il n'imagine pas que les deux autres temps, passé et futur, puissent exister ou qu'on puisse en parler, comme passé ou comme avenir, sans qu'ils soient présents. Son raisonnement est subtil mais sa réponse est décevante : si les trois « temps » n'existent que dans le présent, « où » est celui-ci ? Au présent ? Est-on alors plus avancé ? En revanche, son idée forte, c'est que le temps est une création. Pour lui, c'est Dieu qui a créé le temps (voir la Genèse ?). Cela implique au moins de chercher comment opère cette création lors de certains événements singuliers, et donc comment émerge le temps, comment il apparaît même sur fond d'un autre temps.

3. Dans ses *Confessions*.

Le temps peut s'écouler sans qu'on perçoive de changement. Il suffit de contempler le présent dans une salle où des gens sont réunis en silence ; rien ne change ou presque, on sait qu'une durée est en cours, mais on n'est pas précipité sous l'effet de l'entropie (de la flèche du temps) vers l'abîme du futur. Un présent stable se dessine avec, pour frontière, des événements qui après coup le basculeront dans le passé. Le présent reste stable tant qu'il n'est pas dérangé par une singularité ; or elle est inévitable et secrètement incessante.

Pour le voir, il faut penser la tension temporelle.

4.

# La tension et le va-et-vient

Un bref parcours linguistique du mot temps peut être utile puisque, dans la même « famille », on trouve le verbe tendre, la tendance, le tendeur, le tenseur, la tension. L'idée de tendre convoque celle de convergence (de tendre vers une limite), et s'exprime par des notions spatiales de distance[1]. Le verbe tendre correspond au latin *tenere* (tenir) et, en un sens, le temps nous fait tenir… le temps qu'on trouve une bonne tension pour se maintenir. Du verbe tendre (*tendere*), au sens de converger, dérive *tendum* ou *tensum*, d'où provient « tenseur » (en relativité, le tenseur de courbure décrit la position dans l'espace-temps, c'est ce qui exprime l'intensité – ou la *tensité* – de l'événement[2]). Ainsi, la tension a toute sa place dans cette histoire de temps. S'y rattache d'ailleurs le verbe attendre au sens de tendre vers, appliquer son esprit à ; d'où découlent : attention, c'est-à-dire tension de l'esprit. Détendre, c'est défaire

1. Les termes de la suite convergente sont de plus en plus proches à mesure que l'indice augmente ou que le temps passe ; plus précisément, une suite $x_n$ tend vers une limite si pour tout nombre $a$, il existe un entier $n$ au-delà duquel la distance de $x_p$ à $x_q$ est plus petite que $a$.
2. D'autres dérivés de tenir et de tendre (*tenere* et *tendere*) sont souvent proches, par exemple le mot « tente » signifie qu'une toile est tendue.

la tension ; étendre c'est tendre à partir d'un point donné, c'est ouvrir en tendant ; le substantif en est justement l'étendue. *La tension inhérente au temps le relie à l'étendue*, qui a toujours été le propre de l'espace alors qu'on spécifiait le temps par la succession. On trouve aussi l'idée d'intensité : « intense » signifie « tendu vers » ; l'intensité comporte un mouvement intrinsèque. Sur le même verbe « tenir » qui donne attention, on a la forme *tentare* qui veut dire « tenter » au sens de chercher à tenir, tâter. S'y rattachent le tentacule, le geste de chercher à prendre, d'exercer une attraction, d'où le sens de tentation, tentative, attenter, attentat. On pourrait dire que *le présent tente l'avenir et que le passé lance au présent des tentacules.* Ajoutons qu'en anglais, c'est le même mot *tense* qui veut dire « temps » et « tendu », d'où la dimension de l'angoisse qui peut être liée au temps (*a tense moment* : un moment angoissant).

Tous ces repères comme tendre, tenter, tensité nous ramènent au *passage du temps*, qui semble assez étrange ; et les remarques qui suivent peuvent le paraître aussi alors qu'elles cherchent à préciser une intuition commune selon laquelle *nous passons beaucoup de temps entre le passé rémanent et le futur anticipé*, le tout sous le signe de la présence[3]. Car, sur fond de présent assez stable, des choses se passent, comme si les plaques du présent qui vient de passer et celles du présent qui sont passées un peu avant faisaient le va-et-vient avec celles du présent qui vient d'émerger venant du futur pour signaler au présent qu'elles sont encore là, encore disponibles au présent si par hasard il voulait les relier à ce qu'il traite à l'instant. Elles continuent ce va-et-vient imperceptible jusqu'à ce qu'un événement se produise dans ce présent, signalant qu'on est *passé*

3. Voir là-dessus Antonio Damasio, *L'Ordre étrange des choses*, Odile Jacob, 2017.

*à* autre chose, auquel cas le présent se casse, littéralement alors qu'il se présentait uniforme ou presque : avec, sur les bords, des plaques ou des feuilles dures en va-et-vient. Elles restent encore disponibles si on tient à les rappeler (« tu penses à la scène incroyable de tout à l'heure ?... »), mais en principe elles vont rejoindre des couches successives du passé où elles seront triées, classées, déclassées, rangées ou en fouillis. Les opérations qu'elles subissent sont plus riches que l'oubli ou le refoulement, il y a l'attente positive, le suspens, le va-et-vient, la vigilance sur ce qui va arriver et interpeller ce passé. Il y a comme un *feuilletage* du présent, à partir duquel on perçoit, « au-dessus » de lui, différents niveaux de passé. Mais, pour mieux le comprendre et pour avancer, il nous faut introduire la notion d'espace fibré, qui en outre permet de reprendre la question initiale : comment « sortir » de la ligne du temps ou du temps aligné ?

5.

# Les fibres[1]

On peut déjà penser que pour chaque instant *t*, outre l'événement qui s'y produit et le fil du temps ou de la durée qui « passe » par lui, il y a tout un ensemble d'« objets » qui lui est associé, ne serait-ce que, par exemple, les pensées du sujet autour de cet instant. Appelons donc cet ensemble « fibre temporelle au-dessus de l'instant *t* » et notons-le $F_t$. En fait, ces fibres dépassent le simple fil de pensées du sujet quand il « vit » cet instant : elles peuvent aussi être des formes abstraites, ou des paquets de relations associées à l'instant *t* ou à son voisinage. Il y a donc une dynamique entre l'« autour de cet instant » (son voisinage) et les fibres qui, elles, portent des trajets possibles, des bouts de feuillets qui s'écrivent ou s'ébauchent avec le temps. Imaginez que la fibre sur l'instant *t* soit une feuille pleine d'écritures inspirées par cet instant, le passage d'un instant à un autre serait l'écriture qui s'accomplit dans l'intervalle, augmentée de ce qu'elle évoque et ne dit pas mais qu'on peut interpréter. Chaque sujet est aux prises avec ces fibres, et s'il

1. Ce terme, pris au langage mathématique, nous sert ici de métaphore et non de relais pour modéliser la psyché. Il ne doit pas rebuter le lecteur non scientifique, ni agacer le scientifique qui s'en sert par ailleurs dans un cadre plus technique.

passe de $t_1$ à $t_2$, une fibre sur $t_1$ peut croiser ou se connecter à une fibre sur $t_2$ d'une manière qui nous échappe et dont on verra des effets. La physique n'a rien à faire de cela, *a priori*, elle se contente du *t* qui varie mais, dans le vécu, on ne peut pas se contenter de ce temps-là, car entre $t_1$ et $t_2$, on a dans la tête et devant soi, dans la réalité vécue, un écheveau de fibres indexées par ces instants pour peu qu'ils soient nommables. Les fibres sont plus qu'une expansion de l'instant *t* ou des courtes durées qui l'entourent, elles peuvent avoir leur propre dynamique qui les anime et les connecte à d'autres dans un petit voisinage. Cela signifie qu'au passage de $t_1$ à $t_2$ il se passe bien d'autres choses dans le conscient et l'inconscient, des espaces de fibres sont impliqués dans le temps que nous « vivons », et ces espaces peuvent nous aider à mieux voir la structure du rapport au temps.

Un fibré, c'est-à-dire un faisceau de fibres, m'a servi autrefois pour faire un modèle d'interprétation des rêves, à partir de ce qu'en dit Freud, l'idée étant qu'on interprète un rêve en faisant correspondre à chaque mot du rêve, de son récit manifeste, une fibre contenant tout ce qu'on associe à ce mot, et l'on rassemble toutes ces fibres associatives en un faisceau, puis on fait un choix dans chaque fibre. En alignant ces choix, on produit un trajet qui croise chaque fibre, et si ce trajet fait sens pour le rêveur, cela donne une interprétation.

Mon idée est que ce même type de travail, de passage et de connexion entre les fibres, se fait pour chacun au niveau des instants vécus et des durées qui s'ensuivent. On comprend que dans l'ensemble des fibres puisse régner un ordre qui n'est pas l'ordre normal, d'autant que chacune a une partie inconsciente. Cela permettra de comprendre des instants paradoxaux, des coïncidences, des synchronies qu'on trouve en psychanalyse et dans la vie. Par exemple, un sujet rêve qu'il interprète un rêve, et il se trouve que c'est le rêve de celle qui dort à ses côtés, qui le lui raconte au réveil. Ou bien, quelqu'un vous parle d'une idée intéressante et c'est justement celle que vous avez lue, avant le rendez-vous, dans un vieux livre qu'il ignore. Cela suggère que des fibres se sont croisées ou permutées puis qu'on revient au temps ordinaire mais avec dans la tête ces singularités mises à nu, que le commun néglige et que le poète travaille.

Constatons en tout cas que la droite ne suffit pas pour penser nos rapports au temps. Le temps qu'elle offre est sans espace donc sans corps ; il entérine *une absence de parole sur le temps.* La physique, elle, ne parle pas du temps, elle s'en tient à une hypothèse implicite : Se taire et observer le monde sans s'occuper de notre vécu ou de nos pensées.

Mais, dans l'ordre du vécu et de ce qui a lieu dans nos têtes, il se passe une autre partie de nos rapports avec le temps, portée par le fait qu'à chaque instant $t$ peut être associée une fibre $F_t$, ou un faisceau de fibres. Si on a trois temps $t$, $t'$, $t''$ pris dans l'ordre croissant, la fibre $F_t$ peut rencontrer les autres fibres $F_{t'}$ $F_{t''}$ et d'une façon qui peut perturber l'ordre strict de succession $t$, $t'$, $t''$. La chose est facile à voir : supposons qu'une expérience vécue, donc une durée, s'inscrive en temps « normal » comme une courbe $C$ sur la sphère S, et qu'à chaque instant $t$ sur la courbe on prenne comme fibre associée l'espace tangent à la sphère en $t$, soit $H_t$. Si $t'$ est avant $t''$, les deux plans $H_{t'}$ et $H_{t''}$ se rencontrent sur une ligne qui porte des significations liées aux temps $t'$ et $t''$ mais qui échappe à l'ordre strict entre $t'$ et $t''$ : la fibre de l'instant ultérieur $t''$ pourrait tout à fait rencontrer celle de $t'$ en un point antérieur à $t'$, il y aura donc des choses liées à $t''$ qui apparaissent avant $t'$. Ce n'est bien sûr pas $t''$ qui se retrouve avant $t'$ : il n'y a pas inversion du temps, mais inversion partielle de l'ordre *via* les fibres : deux instants *t'* et *t''* pris dans une même durée, dans l'ordre où *t'* précède *t''*, peuvent avoir des fibres associées qui perturbent, voire inversent partiellement l'ordre causal qui fait que *t'* précède *t''*.

C'est qu'« une personne à l'instant *t* », cela ne veut rien dire, sauf si elle démarre une course à cet instant avec un « chrono », auquel cas elle devient un objet physique non fibré et cela ne dit rien de son « vécu » temporel. Un point qui bouge sur la droite (ou sur le cercle, ce n'est pas si différent) ne dit rien de l'épaisseur du temps, de sa densité, de son passage au passé. En revanche, la masse de fibres qui s'agitent dans la tête d'une personne et au-dehors à cet instant ou sur une petite durée donne une idée de son rapport au temps, *via* le foisonnement plus ou moins connecté des fibres, à la fois chaotique et structuré selon les situations.

L'ensemble des fibres (ou de leurs faisceaux) est variable selon les expériences, et il peut imager ce que pense un sujet au temps *t*, ou imager un vaste « présent » qui compte pour lui à cet instant et qui est connecté au passé proche ou lointain ainsi qu'à l'avenir mais un peu moins.

Outre l'interprétation des rêves, les fibres apparaissent dans l'écriture, la création artistique, les états de crise, les psychothérapies, les dévoilements de l'inconscient. Et le rêve lui-même : ce que fait un rêveur à l'instant *t*, c'est explorer une fibre et la connecter à une autre qui sera *la suivante selon l'ordre des restes diurnes* qui activent le rêve. Interpréter un rêve, c'est aussi travailler sur des fibres et reprendre en sens inverse le travail du rêve. Et ce n'est plus une fibre mais tout un faisceau, voire une catégorie de faisceaux qu'on peut imaginer indexée par ce « présent ».

Pour comprendre les coïncidences, les fibres s'imposent, ou les feuilletages qui s'en rapprochent. Alain Connes en a proposé un modèle où la droite s'enroule de façon irrationnelle autour d'un tore et le recouvre tout entier, définissant ce qu'on appelle un feuilletage de ce tore. Au lieu des fibres, on a des feuillets qui s'articulent le long de la ligne comme les boucles d'un ressort infini. Cela montre comment on peut revenir, au bout d'un certain temps, aussi près que possible d'un instant donné quelconque ; c'est ce qu'on appelle couramment une coïncidence, simple phénomène de synchronie, qui a tendance à nous éblouir alors que ce n'est pas si « extraordinaire ».

Ce modèle et celui des fibres se recoupent sur une même idée : pour comprendre le temps de la droite ou d'un cycle, il faut en chaque point ajouter des dimensions, en l'occurrence celles des fibres ou des « feuilles ». S'agissant de feuilles, on voit bien qu'en chaque point, c'est plusieurs feuilles d'un livre immense qui sont convoquées. Sans être Proust, tout un chacun, s'il a écrit-vécu une feuille, peut voir celle d'avant revenir et celle d'après repasser avant, car *là où sont les feuilles ne règne pas l'ordre total de la droite.* C'est ce que je décris plus haut comme le croisement des fibres : il peut en modifier l'ordre et faire qu'un événement venant du futur se synchronise sur le temps d'avant comme si deux fibres permutaient. Cette permutation sidérante – et inspirante – fait partie de toute expérience de création, à commencer par l'écriture : écrire vraiment, c'est s'exposer à ces *feuilletages et fibrations qui perturbent voire inversent le rapport au temps*, et non, bien sûr, le temps lui-même.

La droite est donc utile comme référence abstraite mais ce n'est pas elle qui exprime le passage du temps (sauf si on fixe constamment le regard sur une horloge, et pourquoi ferait-on une chose pareille ?). Si on lève les yeux, on se rend disponible à d'autres « mesures » du temps, à d'autres façons de le « prendre ». Et aux fibres, dont le foisonnement dépasse le temps linéaire ou cyclique.

Il se peut même que la ligne du temps convenu, c'est-à-dire la droite, soit une façon abstraite d'enfiler des objets-temps plus ou moins grands sachant que chaque instant *t* porte en fait un grand faisceau qui l'entraîne dans tous les sens. La droite, elle, donnerait le minimum de ce qu'est le temps qui est aussi l'ordre local, voire infinitésimal. Un instant peut être tout un espace-temps, une forme avec son temps intérieur. Notamment, un espace où le présent prend tout son temps avant de laisser place à l'avenir ; prend tout son temps pour négocier le passage, notamment avec le passé. Donc un instant est lui-même un objet-temps d'où l'on peut extraire des filons des trajets de récit ou de présence pure, sans histoire. On peut parler de l'instant bleu chez Van Gogh, ou de l'instance du bleu. L'instant résiste à la durée que pourtant il fait advenir. Il nous presse, pas toujours de passer à la suite mais de rester, de s'y installer, de creuser sa forme, ne serait-ce que par le souvenir. La langue l'a bien retenu : on a eu des instants merveilleux.

6.

# Intermède musical

*La Chaconne* de Bach illustre ce que je dis sur les fibrés : on a un petit objet, la touche du violon, avec quatre cordes, chacune a pour fibres, en tout point, l'infinité des plans tangents au-dessus d'elle. Ils sont clairement connectés, voire intriqués quand l'archet passe d'une fibre à l'autre, ou s'attarde sur deux ou sur trois cordes ; cela fait communiquer les fibres, plusieurs mélodies s'entremêlent parce que les fibres se connectent, et une autre fibre plus abstraite se faufile – la ritournelle, qui revient autrement et qui semble arriver d'en face pour nous tirer ailleurs. *Via* la rémanence sonore et l'anticipation, l'entrelacement des fibres nous émeut par sa densité et par le fait qu'il semble inverser l'ordre du temps, du moins dans l'écoute : telle note $n_t$ qui précède $n_{t'}$ peut induire des volutes qui enveloppent $n_{t'}$ et la ramènent en arrière ; on frôle le renversement du temps sans bien sûr y arriver. On a aussi des effets d'après-coup : le bloc sonore qui nous blesse de plaisir tire sa force de lui-même et de sa suite, mais celle-ci n'est intense que par lui et par ce qui le portait jusqu'à nous et qui s'accentue de ce fait. On a donc un tourbillon temporel qui se déplace, à l'intérieur duquel le passé et le futur se permutent. (Comme dans l'effet biblique où le ET, le rajout, envoie le futur dans le passé et inversement.) Au point qu'on n'est plus que dans la pure présence, celle du passé, du présent et de l'avenir ; celle du temps, en somme, autrement dit celle de l'être. Un ami violoniste, Ivry Gitlis, m'a raconté qu'une fois où il était en Afrique dans une tribu équatoriale, on lui a demandé de jouer, il a joué *La Chaconne* et tous ont éclaté de rire. Je pense que rire, c'est se secouer l'identité, et il se peut que cet objet-temps la leur ait secouée, que cette musique ait renversé les ordres mélodiques qu'ils connaissaient, ce qui a produit chez eux un choc de plaisir, de quoi leur faire deviner un autre monde. C'est sans doute ce renversement au niveau de leur identité qui est passé dans l'éclat de rire, à la fois défensif ou plutôt protecteur et jouissant. Bach leur a donné un autre tempo qui leur a chatouillé l'identité, au niveau du souffle et non de tel attribut culturel que l'on peut répertorier. L'humain est plus que l'ensemble de ses composantes culturelles : on pourra totaliser toutes celles qui spécifient un groupe, on n'y trouvera pas le pourquoi de ce rire, car c'est ce rire qui les désitue par rapport aux composantes supposées les spécifier.

Mais au-delà d'une secousse d'identité, cela relève d'une secousse d'être, du pur événement d'être dont il n'y a rien d'autre à dire que d'y être sans réserve.

Si la musique travaille le temps avec un bonheur insondable, c'est qu'en un sens *la musique c'est le temps soumis à la lecture sonore.* La musique lit le temps, elle le lie et le sculpte, elle l'arrache à lui-même avec des sons, elle relie les éclats temporels qu'elle produit, elle les « compose » en jouant sur la mémoire, l'attention perceptive et l'attente des sons à venir.

Dans sa lecture sonore du temps, la musique crée avec lui des jeux enivrants, réguliers ou explosifs qui mènent un dialogue infini entre le passé et le futur à travers l'émotion en acte ; dialogue entre le continu et le discret, entre l'instant et la durée, dont dérivent des tressages incessants de la texture musicale ; chaque morceau est porteur d'un temps propre qui nous « ravit » au temps banal où nous sommes parce qu'en convoquant des fibres il suscite en nous des émois inconscients.

Et du fait qu'elle n'est pas prise dans des signifiants précis mais dans une sorte de cri, murmure, chant ou récit purement vocal (car l'instrument est une voix), la musique résonne avec l'indicible ; du fait qu'elle ne peut pas dire, elle dit l'impossible, l'infraverbal, le traumatisme, la mort, la vie et tous les affects adjacents.

En un sens, toute œuvre musicale essaie d'être un objet-temps[1]. Elle se charge de temps variés, qu'elle décharge dans la douceur ou la violence, côté durée ou événement.

Un « morceau » de musique est un couple durée-événement soudain plaqué dans notre ouïe : tout le corps en est atteint, entre perception sensorielle et expérience cognitive, pulsation et impulsion, conscient et inconscient. Chaque « plaque » éveille une émotion ou une pensée que le morceau prend en charge, il ouvre alors un nouveau jeu qui la déforme et la reforme, faisant naître une autre émotion.

Dans la musique, l'exigence de l'avant et de l'après (pour que deux personnes se parlent) est dépassée. On superpose les voix, les instruments, on joue sur cette fusion ou confusion, on la fait jouer pour chercher d'autres temps. Et parfois il n'y a plus d'avant ni d'après mais on reste dans le temps, dans la

1. Bien des études musicologiques consistent à montrer comment telle musique construit des objets-temps singuliers.

durée ponctuée d'événements, on y reste grâce aux fibrés et à leurs intrications[2].

La musique occupe le temps comme un lieu d'être, non pas pour le tuer mais pour y vivre, y dialoguer avec soi-même à travers l'autre ou avec l'autre à travers soi ; autrement dit, c'est une forme minimale de l'amour. La musique transmet le temps de l'amour, narcissique et objectal, avec toutes les combinatoires dans l'entre-deux. Et le moteur est une tension entre les trois temps qui les relie à l'inconscient comme figure de l'origine où ils sont enracinés.

La question du temps revient par ailleurs car le « motif » suppose la répétition donc la répétition modifiée, la variation, la variabilité, par quoi on touche à la source la plus profonde du temps qui émerge. Le quantique l'illustre, et la musique en fait son jeu. Elle est une danse sonore qui donne corps au temps.

2. Si au lieu de la Chaconne on prenait un morceau de piano, on verrait que chaque note est fibrée par une partie de l'ensemble de toutes les autres. Autrement dit, les fibres possibles pour chaque note sont dans l'ensemble des parties de toutes les notes sauf elle. C'est énorme, et le déferlement pianistique en donne l'idée.

7.

# Passage du temps, entropie, transmission

Le passé a sa propre existence mais nous le percevons comme un *revêtement* du présent, avec un nombre variable de « feuilles ». Le passé, c'est le fruit du passage, lequel dépend de l'événement. Il fait tourner la page ou changer de « feuille » ou de niveau dans le revêtement où s'empilent les « feuilles ». Plus le passage qu'elles expriment est ancien, plus elles sont loin dans le paquet ou dans la pile que l'on peut aussi voir comme un « livre » infini, une fibration sur le présent.

En même temps, des plaques de présent font face au futur, à celles du futur qui leur sont proches dans ce mouvement d'entrelacement et de va-et-vient ; celles du futur proche se présentent soudain et s'apprêtent à cet infime va-et-vient avec celles qui basculent dans le passé. C'est comme un jeu de cartes que le présent actuel bat des « deux mains », poussant doucement certaines cartes vers le passé et prenant d'autres dans le futur pour nourrir le grand tas de présent tout en rappelant quand il « veut », « à tout moment » celles qui sont déjà passées.

Toutes ces manipulations du temps par lui-même s'expriment en termes de ce qu'on nomme en mathématiques des feuilletages, des fibrations, des revêtements, toutes notions qui communiquent et dont l'idée intuitive est qu'au-dessus d'un point ou d'un instant, il y a des fibres ou des feuilles qui lui sont associées de sorte que le passage du temps fait changer de feuille ou de fibre. Comme un livre qui s'écrirait ou un rêve qui s'interpréterait avec de grandes amplitudes de sens. Des fibres planent sur un même point, à la fois présent et disponible au *passage*, pendant que des fibres encore fragiles du futur s'apprêtent à se présenter, avant de se représenter au passé (ou revenant du passé plus tard, lors d'un après-coup). Car dans toute cette dynamique à la fois calme et fébrile, il y a des appels et des rappels, du perceptible et de la mémoire.

La situation s'exprime aussi en termes d'ordre et de désordre, et cette fois la dynamique sera celle de l'entropie ou de la chaleur : le passage du temps sera la perte de chaleur ou l'accroissement de l'entropie. Il y a un vecteur entropique ou thermodynamique qui nous porte et nous traverse et qui serait comme le rebond infini du feu initial, celui du Big Bang, d'aucuns diraient le feu divin.

Déjà cette rétention du présent, ce présent qui « traîne » avant de passer sous le coup d'événements forts, est quelque chose qu'on retrouve dans l'évolution cosmique : une partie peut rester longtemps à son bas niveau d'entropie jusqu'à ce qu'un événement la fasse passer à une entropie supérieure. Il y a des événements aigus qui allument le présent et qui le font passer plus « fort », ce qui suggère que même lorsqu'on ne les perçoit pas, ces événements passeurs agissent. Dans l'accroissement de l'entropie, des retenues s'opèrent qui retardent le processus ou le mettent en attente pour construire un peu d'ordre qui lui-même s'effritera. C'est une sorte de va-et-vient où le désordre croissant crée des poches qui s'autostructurent, qui donc accroissent l'ordre localement sur un mode fini. Certains faits ralentissent ou accélèrent l'augmentation de l'entropie et par suite le passage du temps au niveau des fibres. Ces faits peuvent être eux-mêmes une « accumulation » de temps, c'est plutôt banal il faut que du temps s'accumule pour qu'une maison tombe en ruine. Quand du temps s'accumule face au présent apparent, il finit par le faire basculer, et parfois violemment vers le passé. Le passage du temps s'utilise lui-même pour faire que le temps passe. Un bloc de temps accumulé, donc aussi un accroissement de l'entropie, peut accélérer le passage et l'accroissement lui-même. L'univers n'est pas qu'un paquet d'ordre qui se décompose par saccades vers le désordre, l'évolution est plus subtile.

On peut dire que l'univers et déjà notre terre va vers le désordre croissant mais qu'il y a aussi des remontées d'ordre, des détours qui recréent de l'ordre dans le désordre ; c'est sans doute vrai même avec l'accroissement de désordre climatique[1].

Poursuivons le passage du temps, décidément très subtil. On peut le penser comme un problème de transmission où le présent peut se « maintenir » grâce à ce que lui transmettent des plaques de présence sur le point de passer, et grâce à ce que lui transmet le passé plus lointain, grâce aussi aux petits signes du futur qui s'annonce. C'est tout un nœud où se nouent des fils venant du futur et du passé pour lier le présent et le faire tenir « pendant » qu'il échange avec le passé et fait face au futur. Ce « pendant » du présent, cet aspect vaguement suspendu relève sans doute de la fiction mais elle est si éclairante qu'elle

1. Il y a aussi des phénomènes qui parlent plus fort que l'entropie, la pesanteur par exemple : une pierre tombe par terre à cause de la gravitation et pas de l'entropie, mais si elle ne rebondit pas, c'est à cause de l'entropie car la chaleur au point d'impact ne revient pas à sa source.

a peut-être sa vraisemblance ; en tout cas la langue en témoigne par le mot « cependant ». (Même si le mot pointe à la fois le présent qui traîne et l'objection à ce qu'il traîne un peu trop.)

Il y a comme *trois présents* au moins qui se tressent avec deux niveaux de futur et plusieurs niveaux de passé, le tout sous le signe du passage et de la permanence. Lorsque pour un sujet cette transmission se fait mal, de façon trop dramatique ou trop coincée par des symptômes, il ne voit pas le temps passer : il sent qu'il n'a pas de prise sur le temps, il n'a pas cette assise temporelle certes flottante mais qui promet une prise de temps. Le futur disponible passe « par en dessous » et se déverse directement dans le passé. Lorsque par exemple certaines plaques de passé reviennent trop, empêchant celles du futur de s'offrir dans leur fraîcheur et de nourrir le présent, cela signale des impasses symboliques du sujet, son temps semble avancer alors qu'il tourne en rond ou se révèle insaisissable. Nous évoquerons ces points de souffrance dans l'aspect temporel des symptômes.

Contrepoint au passage du temps, l'instant ; on l'a vu, il a la même racine que « se tenir » (*stare*) ou que s'arrêter et même rester. L'instant pointe un arrêt du temps, fictif mais inscrit comme possible[2]. Comme « distance » aussi vient de *stare* et se rattache à l'instant, la distance entre deux points c'est la durée entre deux instants. En hébreu l'instant renvoie au repos (*réga'*), il évoque une pose du temps, une pose à la fois réelle et fictive puisque aussitôt posé, le temps s'en va, malgré les instants qui durent. D'autres sont fugaces et s'en vont vers le passé pour encore, de là-bas, envoyer des signaux et rayonner leur énergie. En somme, l'instant c'est la clé du temps, le point-frontière

2. En probabilités, on calcule des temps d'arrêt d'un processus, notamment au passage d'une frontière, même s'il ne s'arrête pas ; il s'agit de marquer le passage.

entre celui-ci et l'autre temps ; c'est du présent qui attend, pour passer, qu'une intensité se libère, qu'une *instansité* s'exprime.

Ce qui relie le passage du temps et l'instant, c'est l'inertie des fibres à chaque instant, c'est leur disponibilité, qui est assez prolongée pour qu'il s'y passe des choses fécondes. En effet, quand l'instant *t* passe, la fibre qui lui est associée (ou même le faisceau de fibres) reste active elle maintient ses contacts et ses croisements avec les fibres des instants précédents. C'est encore plus clair si au lieu de prendre une fibre en chaque point (à chaque instant *t*), on prend un faisceau de fibres, un « espace fibré » associé à ce point *t*. Et pour ce qui est du futur, ce faisceau tient la « tension » avec les temps qu'il anticipe, et déjà avec leurs fibres qui s'annoncent depuis « longtemps ». Il prend de plus en plus contact avec. Ce « longtemps » ne veut rien dire dans l'absolu, une nanoseconde c'est déjà long et une minute c'est bien court ; de même « de plus en plus » n'est qu'une image, ces termes sont à prendre au sens qualitatif et relatif. Il faudrait faire de longs schémas pour montrer l'enlacement des fibres pour des instants successifs *t*, *t'*, *t"*, où *t* « vient » de passer, *t'* est « encore » présent et *t"* est « en train d'arriver ». Exprimé de cette façon, c'est une pure vue de l'esprit, mais l'espacement des fibres lui donne un sens. Cette fiction mathématique peut être proche du réel, tout comme le sont des fictions romanesques, bien plus que de longues spéculations. Elle suggère même une hypothèse : l'interaction des fibres comporte des intrications, au sens où ce agit en tel point (ou tel instant) est aussitôt actif en tel autre à venir ou passé. Elle semble osée, mais c'est bien ce qu'on retrouve dans les systèmes quantiques intriqués qu'on évoquera plus loin.

8.

# Il y a partout du présent

Reprenons la réflexion sur le présent : c'est l'aspect du temps auquel nous sommes le plus présents : d'une présence lourde et corporelle, qui ne peut se permettre de changer toutes les secondes, d'où cette stabilité qui détonne avec le travail du passé sur le présent et l'avenir, travail fugace, intermittent et souterrain.

Certains, qui refusent avec raison le « présentisme », vont jusqu'à refuser l'existence du présent, à cause non pas de sa fugacité (raison évidente : à peine nommé, il est déjà passé), mais de la relativité puisqu'elle torpille la simultanéité. Il est vrai que cela nous prive d'un « maintenant » global, mais cela nous prive-t-il du présent ? Déjà sans la relativité, et sans parler de grandes vitesses et de signaux avec d'autres galaxies, deux personnes qui se téléphonent, l'une à Paris, l'autre à New York, connaissent leur décalage horaire, est-ce pour autant qu'aucune des deux ne peut dire : « Maintenant, j'en ai assez de cet échange » ?

Si on prend en compte la relativité, c'est autre chose, elle exclut qu'un « maintenant » soit le même sur terre et dans une autre galaxie, mais en a-t-on vraiment besoin ? Notre esprit peut accepter deux « maintenant » qui dans le temps sont différents vu la distance qui les sépare. Si je me demande ce qui se passe maintenant sur une étoile à une année-lumière d'ici, le maintenant a deux sens différents, le signal lumineux de la planète met une année à m'arriver, soit, mais pourquoi en déduire qu'il n'y a plus de présent ?

L'intuition courante a bien compris que le présent est à la fois localement stable tout en s'effritant sur les bords. Elle ne se permet pas de parler du *présent de l'univers*, sauf à mettre celui-ci devant un Dieu qui le regarde puisqu'il le crée. Hormis cet abus de langage, on parle du présent commun pour des gens qui sont présents à la même chose, qui les réunit à peu près. Mais rien n'empêche de penser qu'*il y a du présent partout, même si ce n'est pas le même présent.* Il y a comme une onde de présence ou de présent, une onde de « maintenant » ou de *maintenance* qui n'est pas la même en tout point, cela suffit. La maintenance et la présence ne sont ni constantes ni identiques. Il y a une maintenance dans l'univers qui se conjugue ponctuellement par des « ici et maintenant » non connectés, ou pour lesquels on découvre des connexions microscopiques (quantiques).

Il y a du présent partout signifie que le monde est partout « présentable », même s'il comporte de l'irreprésentable[1]. Si mon présent peut être le futur de quelqu'un et le passé d'un autre[2], cela n'empêche pas que le présent de ces deux personnes existe aussi, quoique différent de l'une à l'autre.

L'importance du « maintenant » est telle que, pour certains, c'est lui qui définit le temps ordinaire, celui-ci serait une suite

1. Par exemple, le monde humain produit des catastrophes qui excèdent toute représentation.
2. Et c'est « lisible » sur une autre fibre ou feuille du revêtement.

de maintenant qui passent. Mais cette vision suppose déjà le temps et cette suite de « maintenant » n'est pas simple à imaginer, elle doit être à la fois continue et discontinue (ou « discrète »), ce qui fait problème. C'est même là tout le problème, faire cohabiter le discret et le continu.

Einstein a pu dire que la distinction présent passé futur est illusoire, et c'est vrai si l'on veut que chacun de ces temps soit global, mais localement et pour chacun elle fait sens. Et, sur terre, nous l'avons dit, on s'arrange avec ce caractère local (la correction est immédiate). C'est le cosmos à grande échelle qui nous « délocalise », ou qui nous localise sur un mode hétérogène[3].

Loin d'unifier tous les temps, il faut penser les *prises de temps*, les façons très différentes de prendre le temps et de le marquer, ou de le manquer. Il y a le présent de chacun et il y a une propagation temporelle qui les connecte ou pas, qui les ordonne partiellement ; l'ordre du temps est partiel et cela suffit largement. Il y a partout du présent, passé et avenir, et ils ne sont pas alignés dans un ordre total. La relativité a supprimé l'ordre total mais pas la tension et le passage, ni la durée et l'événement, qui sont peut-être l'essentiel du temps.

Donc, dire que le temps n'existe plus depuis la relativité est abusif : il existe partout, c'est la comparaison de deux durées, l'une ici, l'autre ailleurs, qui ne va pas de soi. Elle exige une

3. Einstein a écrit à la famille d'un ami décédé : « Voilà qu'il m'a précédé de peu en quittant ce monde étrange. Cela ne signifie rien. Pour nous, physiciens dans l'âme, cette séparation entre passé, présent et avenir ne garde que la valeur d'une illusion. » Il méconnaît clairement le poids réel des illusions, tout comme Freud qui qualifia la religion d'illusion ; mais c'est une illusion qui a des effets subjectifs et planétaires si violents qu'on doit la prendre en compte comme une réalité. Le temps aussi, avec tout ce qu'il a d'illusoire, fait une telle pression qu'on doit réellement le prendre en compte, il est même au principe du geste de compter.

origine commune, une première synchronie, celle-ci n'est pas toujours possible, en tout cas n'est pas globale, on a réellement du temps éclaté ou des temps hétérogènes. Mais on comprend que d'éminents physiciens[4] l'affirment haut et fort. Il est vrai que ce sont souvent des astrophysiciens, travaillant « dans le cosmos » où des vitesses sont comparables à celle de la lumière ; ils sont donc plus sensibles que d'autres à ce que la relativité nous a fait perdre comme évidences sur le temps : la simultanéité, la datation, la chronologie globale ont vacillé, la notion d'ordre qui s'ensuivait s'est rabougrie. Mais, outre nos pratiques usuelles du temps qui ont reçu le choc relativiste, et qui se maintiennent à très peu près, il nous reste l'espace-temps, avec un *champ de causalité* et cela semble suffisant. En relativité, il y a le passé ou le futur causal, il y a un *temps causal* et, dans le quantique, il y a la variabilité intrinsèque et les probabilités. On n'est donc pas en manque de temps, c'est la façon de le « prendre » qui fait problème et heureusement.

De même, l'état du monde en deux lieux différents doit être précisé, mais l'expression « l'état du monde » fait sens. Si les états ne s'articulent pas, ils existent néanmoins, cela donne une histoire éclatée où les chapitres ne se relient pas, où l'on a des temps pluriels et des présents irréductibles qui passent et qui se connectent ou pas ; mais l'idée d'histoire plurielle tient bon, surtout à l'échelle terrestre. On peut calculer le décalage temporel entre deux personnes, et par suite on peut dire qu'un événement « a été » par rapport à l'une mais qu'il « est » par rapport à l'autre. On peut dire à un jeune que ce qui « est » pour lui sujet d'inquiétude l'« a été » pour nous et « ne l'est plus » depuis longtemps. Sur le plan psychique c'est encore

4. Tel Marc Lachièze-Rey, qui l'explique dans de nombreux YouTube.

plus vrai : deux personnes au même endroit n'ont pas le même présent, avec ou sans relativité ; ce n'est pas la même présence ni la même présentation Sans aller jusqu'aux cas extrêmes où l'une des deux est sous antidépresseurs et n'a plus de libido pendant que l'autre piaffe d'impatience.

Enfin, le « je pense donc je suis » devrait pouvoir s'entendre : je pense donc je suis présent à ma pensée qui se déroule. Le sujet de la pensée en poursuit le mouvement, et le voilà dans le temps, celui de la répétition, de la continuité, de la distinction entre deux pensées (Descartes valorisait la pensée « claire et distincte »).

Il y a tant de clichés à revoir sur le temps, il semble que des gens en aient besoin et que les clichés eux-mêmes ne soient pas si triviaux[5]. Par exemple, lorsqu'on dit le temps c'est le mouvement, il faut être plus précis : mouvement de quoi ? C'est le quantique qui le précisera le mieux, mais Aristote a dit que le temps c'est la *mesure* du mouvement entre l'avant et l'après. Il ne dit pas que sans mouvement il n'y a pas de temps, il dit que sans le temps, il n'y a pas de mouvement mesurable. Et ce n'est pas vraiment « le contraire » de ce que dit Newton quand il affirme : il y a un temps qui s'écoule même si rien ne change. Le mouvement peut cesser, mais pas le temps[6]. Et cela se comprend bien, de notre point de vue : on peut choisir mentalement un point d'accrochage qui servira d'origine, et se mettre à compter d'une façon ou d'une autre, sans que cela implique le moindre mouvement physique, mais il y a un mouvement *via* les fibres. Vous êtes en contemplation devant un tableau, vos yeux sont immobiles car ils ont

5. Et des experts comme Étienne Klein les rectifient patiemment et apprennent beaucoup de physique au monde francophone.
6. Saint Augustin, après Plotin, le rappelle dans ses *Confessions*.

embrassé le tout, et vous rêvez, vous pensez, vous associez, vous vous souvenez, et cela forme une fibre associée à l'instant $t$, début de la contemplation. Pour vous, le temps passe, et les fibres de $F_t$ se connectent et s'intriquent à celles des temps marquants de votre séjour devant cette œuvre, des temps qui peuvent être isolés (« discrets ») ou continus, formant donc des intervalles, des durées. La fibration globale ainsi mobilisée par votre corps (sans mouvement) vous aura fait vibrer et fait vivre toutes sortes de temporalités. L'auteur du tableau, lui, quand il était devant la toile vide, a dû sentir fortement les fibres de certains points, et faire un travail intense, justement dit de création, pour « bien » les connecter, de façon à ce que l'œuvre dégage un temps recevable, une temporalité plurielle mais articulée, différente d'ailleurs de ce qu'articule un écrivain qui avance sur sa ligne et reprend à chaque sillon pour connecter ses fibres et s'exprimer comme objet-temps.

Tout cela nous avertit de l'écart entre le passage du temps qu'indique l'horloge et le passage plus chaotique et d'ailleurs plus signifiant à travers toutes les fibrations temporelles convoquées par un sujet ou un groupe à une période donnée. Beaucoup d'entre nous « vivent » le temps dans un dialogue secret entre les fibres et le cercle de la montre, qui équivaut au temps de la droite.

9.

# Le présent se « casse »

Le présent est donc vécu comme assez stable, avec des mouvements internes imperceptibles, ceux des fibres et des feuilles. Les deux mille feuilles[1] que Proust remplit pour retrouver le temps perdu en sont une figure majeure, nous y viendrons. *Ces mouvements assurent la stabilité du présent compte tenu du passage et en prévision du futur.* Objectivement, tout ce que je vois est déjà du passé, mais un passé qui revient presque à l'identique se maintenir comme « présent ». (Il y a toujours des fibres actives qui le « rappellent », aussi loin qu'il se tienne.) Il « revient », sans être complètement parti, s'inclure dans un « ici et maintenant », tous deux approximatifs avec pourtant un impact bien réel. De là à basculer dans le « présentisme » et à dire que « seul le présent existe », ce serait abusif. Il y a un aspect présentiste dans certaines fixations du temps, comme par exemple les habitudes où la tension temporelle est absorbée par des trajets toujours les mêmes. Il y a aussi du présentisme dans les symptômes où cette tension temporelle est ramenée sur soi. Mais il existe d'autres modalités de temps, entre passé

1. Soit plus de quatre mille pages.

et présent, entre présent et futur et même entre des phases du présent, à cette frontière fictive où, après une rétention ou retenue, le présent est soudain passé pour laisser place à d'autres présents eux aussi plus ou moins stables, avec au passage un travail de mémoire intense *via* la « retenue ». Et plutôt qu'un même « maintenant » qui s'écoule continûment au « fil » du temps, on a un présent qui chaque fois « tient » sa stabilité, se tient et se « retient » par la *tension* qui le fait *tendre* vers la suite où il est *attendu*. Il maintient cette tension de cohésion puis il penche et se brise, en douceur ou brutalement. Chaque présent atteint ses limites de stabilité et se casse pour laisser place à un autre lorsqu'il « n'en peut plus » de rester le même et qu'autre chose apparaît, un événement nouveau ou un besoin de répéter ce qui était là.

C'est là un trait essentiel du passage temporel : le présent, comme répétition assez dense de la sensation de présence, « se casse » lorsqu'un événement survient qui secoue cette présence plutôt passive. Alors le présent passe « en même temps que », par en dessous, un autre présent se met en place, ou plutôt une succession de présents eux-mêmes fibrés.

On l'a compris, notre propos ne s'inclut pas dans la physique mais ne veut pas la contredire et prétend même l'utiliser pour comprendre l'intuition et l'expérience qu'on a du temps. Si la physique, depuis Einstein, n'en retient que la durée, les dates des événements et les relations entre eux, notamment de causalité, il n'y a pas d'inconvénient à remplacer temps par durée ou mieux par *tension*, car l'idée de la tension comme du passage fait partie des conditions minimales de notre expérience. Nous pouvons dire par exemple que *le présent est une tension de la présence qui éclate au passage.*

Le passage entame la stabilité du présent et témoigne de sa cassure : des espacements du temps se recoupent, des « étendues » de temps se superposent, exprimant sa tension interne, typique de son passage. Et puisqu'on peut imaginer, au-dessus de nos instants, des espaces abstraits où s'élaborent le mixage du présent, la retenue du passé, l'anticipation du futur qui contribuent à stabiliser le présent, on voit que ces espaces abstraits (faits de feuilletages, fibrés ou revêtements) peuvent être pensés comme des paquets de relations portés par la mémoire, activés par la perception, qui accompagnent les événements donc les grains de temps que sont les instants, et ces « étendues » de temps à leurs niveaux d'inscription. Ces paquets de relations signifient des flots de flèches qui connectent les « objets » dans un sens temporel, c'est-à-dire narratif[2]. Nos rapports avec le temps le révèlent comme un ensemble de rapports entre « objets » ; et l'on comprend que dans cette approche, la variable t disparaisse et que le temps, lui, poursuive son travail relationnel.

La manière dont le temps se conjugue avec l'espace n'est pas simple, le commencement de l'espace est dans sa fusion avec le temps qui a sur lui des effets d'« espacement ». Cette fusion n'est pas seulement celle de la relativité, elle est active dans notre vécu le plus intime, même si de grands penseurs la méconnaissent. Dire comme Hegel : « L'espace c'est le temps » ou comme Bergson : « Le temps c'est l'espace », c'est manquer dans les deux cas le point de fusion entre l'espace et le temps, fusion qui n'est ni espace ni temps et qui, sans doute, implique l'inconscient. Ce qui le suggère, c'est que le passage du temps

2. Dans ces flots de relations on voit se profiler les catégories et les topos de Grothendieck.

implique une texture spatiale, une structure spatiale en tresses et en fibres. Or on l'a vu, les fibres indexées par chaque instant correspondent à ce qu'un sujet peut associer à cet instant et qui souvent est inconscient. Nous en ferons aussi la preuve dans le champ de la clinique. Reste que les fibres permettent au sujet de déployer le rapport au temps et au possible qui est le sien, donc sa mémoire et ses fantasmes, quitte à changer de fibration quand son présent se « casse ».

En tout cas, le passage du temps est connecté à son passage dans la fibre qui anticipe son futur et retient son passé. De sorte que ce qu'on a appelé rétention et anticipation[3] est contenu dans les fibres.

3. Husserl dit : rétention et protention.

10.

# Si rien ne passe, rien ne se passe

Rappelons de quoi sont faites ces fibres. Chacune est un espace d'états, physiques ou psychiques, fantasmés ou réels, pensés ou mesurables, la pensée étant elle-même une mesure en attente. Autrement dit, il y a du temps réservé dans les fibres, qui « attend » de se dérouler, et ce d'autant plus que les fibres sont assez riches, chacune avec sa temporalité, distincte de l'instant *t* « au-dessus » duquel elle se trouve. Si la fibre $F_t$ est l'ensemble des pensées du sujet à l'instant *t*, ces pensées conscientes ou inconscientes sont chargées d'un temps qu'il n'a pas le temps de parcourir ni de décrire mais qui existe et qui peut faire pression sur l'instant *t* et ceux qui suivent (*t*', *t*"...) dont les fibres interfèrent sur $F_t$, comme dans le rêve ou dans ses interprétations.

Dire que le temps passe ou que nous passons « avec » (c'est-à-dire avec la durée et l'événement), c'est la même chose du point de vue existentiel, pour des sujets ou des objets ; pour nous sur terre ou pour des gens sur Neptune. Et si l'on dit que rien ne « passe », alors rien ne se passe, il n'y a pas d'événement et c'est absurde[1].

1. Ceux qui déplorent que le temps passe se doutent bien que s'il ne passait pas, rien ne se passerait ; que le passage du temps est le prix à payer pour qu'il se passe quelque chose. Mais peut-être refusent-ils surtout la loi, et veulent-ils seulement que

Il suffit de la *répétition* de deux maintenant connectés, comme deux maintenant sur terre, pour faire un courant temporel, un courant qui pour nous est l'effet de notre présent : c'est parce que le présent existe qu'il doit faire place à autre chose qui sera mis en tension avec lui, une tension qui fait passer le temps. Le passage du temps dérive d'une pensée sur le présent, avec la question, pour chacun, de ce qui se passe maintenant ici et de ce qui se passe maintenant ailleurs, disons à New York, sur la Lune ou au bout de notre galaxie. Ce ne sont pas les mêmes « maintenant », il y a donc une différence de tension entre eux, une différence de *potentiel de temps. Le temps passe entre deux événements dont le potentiel n'est pas le même. Pourvu qu'il y ait un maintenant différent du mien ici, la simple répétition fait que le courant temporel passe ; alors même, et grâce au fait qu'elle maintient l'identique et apporte du nouveau.* Et l'on retrouve notre métaphore : il y a du temps parce que deux personnes ou deux astres veulent raconter et ne peuvent le faire en même temps ; et le temps passe parce qu'ils n'ont pas le même présent.

Le présent semble inclure une notion locale de distance intrinsèque : il y a un espacement du présent, de la présentation. Un espacement qui dépend des circonstances, on peut même imaginer un diamètre maximal et un diamètre minimal du présent, de quoi « mesurer » sa taille.

Le temps de la tension et du passage dérive du temps de la présence, du présentement, du maintenant. Le temps dérive du maintenant, pris comme instant, et, en ce sens, *le « maintenant » est le plus pur des objets-temps.*

le temps s'arrête lorsqu'ils y ont du plaisir et qu'il passe comme un éclair quand ils souffrent.

Tout cela ne contredit pas la relativité, dont le principe est que les résultats des expériences faites dans la nature dépendent du référentiel de chacun. Je n'ai pas besoin de savoir comment passe le temps sur Neptune, il suffit qu'il passe et cela tient à la seule signification qu'il existe un « maintenant » sur Neptune ou dans une autre galaxie. Ce maintenant, ce n'est pas seulement qu'on l'imagine et qu'on le pense, c'est qu'il est chaque fois l'ancrage premier, l'accrochage initial à partir duquel « ça compte » sur Neptune. Sans ce « maintenant », Neptune ne « compte » pas, ni pour elle comme planète, dans son temps propre, ni pour nous ; autant dire qu'elle n'existe pas. Il y a donc un vécu du temps en tout lieu, par la simple « lecture » des « maintenant » qui se succèdent.

L'unité de la nature nous fait parler du présent sur Neptune ou sur tout autre lieu parce qu'elle se rapporte à l'unicité de l'être. Le présent est un événement d'être qui rayonne autour de lui du temps local comme le fait chaque « présent ». Et l'événement, quel qu'il soit, induit de la durée par la tension temporelle et l'effet de passage, lequel relève de la tension : le fait que le temps passe relève d'un *potentiel tenseur* (de courbure ou d'autre chose) et ne contredit pas la relativité, il y est compris.

11.

# Le passé

Le passé, lui, est instable, et nous avec : tantôt on veut le faire « revivre », le rappeler, le commémorer, tantôt on veut le calmer, souvent en vain. Disons qu'on fait beaucoup d'efforts pour le stabiliser, mais c'est notre vision du passé qu'on stabilise, provisoirement, en attendant de voir ce que l'avenir décidera. Le passé ne cesse de bouger sous l'effet des après-coups, donc sous l'effet du présent et de l'à-venir qui se retournent comme pour mieux voir ce qui s'est passé[1]. C'est en dialoguant avec le passé qu'on le fait exister, et ce dialogue lui-même ne cesse de le reformater, de le remodeler ; et impossible d'abandonner ce dialogue puisque c'est lui qui fait le lien avec la suite ; et que, sans lui, le passé serait à la dérive.

Il faut admettre que l'écriture définitive du passé n'existe pas ; et qu'il est très sensible aux questions qu'on lui pose, à la manière dont on les pose.

Sur ce point, la physique quantique apporte une confirmation qui va loin, à partir d'un étrange phénomène que l'expérience dite des deux trous met en lumière. On envoie des

1. Voir plus loin, « L'après-coup ».

photons sur une plaque avec deux trous proches et « petits[2] », puis on recueille les impacts sur une seconde plaque parallèle. Le fait déjà étonnant est que si on demande par lequel des deux trous le photon est passé, on peut avoir une réponse précise : le photon, devant cette question, se conduit comme une particule. Mais si on demande où il est arrivé, il se conduit comme une onde et on a les interférences ondulatoires qui s'ensuivent. Voici donc un événement qui s'est passé mais les questions qu'on lui pose changent sa nature. C'est là une radicalisation de ce qu'on observe dans la vie, à savoir qu'il n'y a pas d'événement pur, qu'un événement dépend beaucoup de la manière dont on en parle, qu'il est déjà contaminé par les tout premiers récits et bien sûr par leur transmission. Mais ici, on ne le raconte pas, on se pose des questions à son sujet et on dirait que ça le fait réagir. Mais il y a plus étonnant et qui cette fois implique le temps : c'est qu'on peut questionner *après* le passage, avec les mêmes résultats[3]. Autrement dit, *une fois que le passé a eu lieu, il dépend* encore *de la manière dont on le questionne, qui le spécifie comme passé et qui l'inscrit comme tel.* C'est ce questionnement qui aura le dernier mot, autant dire que le dernier mot n'existe pas. Cela confirme que le passé est instable et que c'est notre dialogue avec lui qui le stabilise provisoirement et lui donne une apparence qui nous « convient », sachant que nos exigences de vérité ou de conformité au « réel » risquent d'être mises à l'épreuve. Bien sûr, notre besoin est grand d'avoir une histoire stable, notre

2. Soit d'une taille comparable à la longueur d'onde des particules.

3. Dans cette expérience de pensée dite du « choix différé », réalisée concrètement par Alain Aspect, on dirait même que deux temps différents sont en jeu : le temps qui fait dire que le passage a eu lieu, que ça s'est passé, et le temps qui inscrit que ce qui s'est passé s'est passé ; comme si le temps bifurquait sous la pression du questionnement.

identité en dépend puisqu'en un sens elle est la sommation de notre histoire ou de nos rapports avec le temps. Mais cet exemple quantique, cette expérience des deux trous montre que *le passé peut changer sous la pression des questions qu'on lui pose* à partir de notre identité présente. C'est au présent qu'on secoue le passé, parfois sans s'en rendre compte : on dévale tranquillement le temps et on trébuche sur quelque chose qui rappelle le passé, on se « penche » dessus et ça explose. « On ne sait jamais ce que le passé nous réserve[4] » (F. Sagan). Nul ne sait sur quel fragment de son passé il trébuchera dans l'avenir, et de le savoir peut aussi bien l'enfermer dans ce passé que lui ouvrir un autre temps. C'est à ce niveau que la connexion des fibres portées par les deux instants, actuel et passé, peut enrichir le dialogue.

Donc le passé, par lui-même, n'est pas entièrement déterminé. Ce que confirme cette expérience des deux trous, le physicien Wheeler en a donné une forme impressionnante : un flux de photons qui bifurque en passant autour d'une galaxie (dont les deux bords jouent le rôle des deux trous). La question : par quelle fente le photon est passé ? devient alors : par quel bord de la galaxie est-il passé ? L'autre question (où arrive-t-il ?) reste la même formellement. Le flux bifurqué vient converger après le « passage », et la décision qu'on prend sur la question à poser influerait donc sur un passé d'il y a plusieurs millions d'années ; *on se retrouve à « décider » sur un passé vraiment lointain.*

Cette expérience du « choix retardé » a fait dire que le passé « bouge encore[5] » ; disons qu'il bouge toujours, et que sa part

4. Phrase de l'écrivaine Françoise Sagan, voir son livre *Je ne renie rien*, Stock.
5. Voir Alain Connes *et al.*, *Le Théâtre quantique*, Odile Jacob, 2013.

de jeu au temps n'est pas finie. Il est en partie indéterminé et nous apparaît incertain bien qu'on y trouve de bons repères mais qui surnagent dans un océan de possibles. Le passé existe sur un mode qui le transforme à mesure que des événements produisent leur effet d'après-coup qui rechargent la trace passée, de sorte qu'elle se fait entendre autrement dans la trace qui la rappelle. Et cette charge du passé peut se faire inconsciemment avant d'apparaître au grand jour[6].

C'est dire aussi que le déterminisme est ébranlé. Il l'était déjà par la variation, même infime, des conditions initiales[7], et voici qu'il l'est par l'incertitude du passage. Cela ne signifie pas qu'il disparaît, il reste ferme mais il est partiel et porté par l'aléatoire. Il posait que lorsque le passé est fixé, l'avenir qui le suit l'est aussi ; chose qu'on ne peut plus dire vu que le passé n'est pas intrinsèquement déterminé. S'il l'est un peu plus par une de nos décisions, c'est nous qui le décidons ; sinon, il reste en partie indécidable. En somme, on doit se contenter de ce pauvre constat : le passé étant déterminé, c'est-à-dire pas tout à fait, le futur est déterminé, lui aussi pas tout à fait puisqu'il subit l'indécidable du passé, outre sa propre indétermination.

Il est ainsi que l'expérience du « choix retardé » nous sidère à cause du fait que la nature même de la lumière est double : le photon est à la fois une particule et une onde ; ou plutôt, on peut le voir comme une particule et on peut le voir comme une onde, deux vues clairement contradictoires mais toutes deux soutenables.

---

6. Le passé n'est pas mort, mais il n'est pas vivant s'il n'y a personne pour le reprendre. Il s'enfonce alors plus loin dans le passé, il devient du passé lointain, sa distance au présent exige un autre récit. Heureusement, le désir de *prendre le temps passé* est assez vif, et il offre certaines facilités.

7. Voir plus haut, « Premier survol ».

12.

# Le futur n'est pas commandé

Dire que l'avenir est commandé par le passé est exagéré. Disons qu'il est *recommandé sans engagement* et qu'il peut être décommandé au « dernier moment ». Une partie de l'avenir se passe de lui, elle est pour l'essentiel imprévisible. C'est plutôt l'avenir qui, en « arrivant », lance vers le passé quelques lueurs qui le font voir autrement. Tout cela est vérifiable : lorsque au présent la situation est bloquée et qu'on prévoit la catastrophe, il arrive que soudain il se passe tout autre chose, on parle même de miracle. Lorsque c'est dans une fiction, il se passe une trouvaille inspirée de l'auteur, de même, dans une œuvre d'art qui s'annonçait ennuyeuse, l'imprévu vient sauver la mise, et lorsque c'est dans le monde du quantique, l'imprévisible l'emporte, et le passé dit peu de choses de l'avenir[1].

Le futur existe-t-il déjà un peu avant l'instant où il déboule dans le présent pour basculer dans le passé ? Ou bien

1. Lorsque des instances de la culture, pour comprendre tel phénomène actuel, trouvent que le mieux c'est d'en faire l'histoire sous prétexte que « ça se répète plus qu'on ne pense », elles font un choix passéiste, ignorant l'imprévu, frôlant le dessèchement et oubliant que l'intérêt dans ce qui se répète c'est ce qui ne se répète pas. Toujours est-il que pour « comprendre notre époque », notre présent, on donne surtout la parole aux historiens, et souvent ils s'aident du présent qu'il fallait expliquer.

n'existe-t-il que dans l'approche qu'on en fait, quitte à ce que cette approche s'actualise quand il est là, c'est-à-dire quand il n'est plus un futur ? Cette question ressemble à celle qu'on pose à propos des mathématiques : tel théorème était-il là à attendre qu'on le dévoile, qu'on le démontre, ou n'est-il que la limite du processus démonstratif qui y parvient et qui le crée ? Je pense que c'est un entre-deux qui ressemble à ce qu'il y a entre passé et présent ou entre présent et avenir : la démonstration avance vers quelque chose de l'ordre d'une supposition et, plus elle avance, plus la supposition s'estompe au profit de ce qui ressemble à une position, qui est à venir et vers laquelle on s'achemine en franchissant toutes sortes d'obstacles Et si les obstacles deviennent vraiment infranchissables, ladite position commence à ressembler à un mirage.

On peut dire que New York sera là dans cinquante ans, sauf événement gravissime, auquel cas c'est cet événement, pour l'instant inconnu, qui sera là, avec d'autres choses inconnues. Il faut bien laisser au futur l'énorme part d'imprévisible qui lui revient. Par exemple, l'événement en question est-il en train de s'esquisser ou va-t-il jaillir soudain ? Nous l'ignorons aussi.

Certains croient que le passé se trouve « dans nos cerveaux, dans nos mémoires » ; mais le passé de qui ? Le passé de cette étoile lointaine est en train de nous arriver et, avant, était-il dans « notre mémoire » ? Le passé dont parle Proust est dans le livre qu'il a produit, c'est ce livre lui-même. Ce passé est avant tout l'extraction qu'il en fait ; certes, à partir de traces mémorielles, mais son vrai lieu d'existence est le pavé où cela s'est « soudain » écrit. C'est après coup que je peux dire que ce que je raconte était dans ma mémoire ; en réalité, il prend la forme du travail que j'ai fait pour le présenter, et c'est une fois présenté, une fois mis au présent qu'il peut rejoindre le passé. Quant à dire que le passé était dans mon cerveau, c'est inexact : il y a un grand écart entre ce que j'ai dans le cerveau et les pensées que j'ai formées pour ce récit, en empruntant, bien sûr, les câbles du cerveau.

La physique ne donne qu'une faible idée du présent et de son passage vers le passé, mais cette faible idée lui suffit et c'est sa force. Elle suffit à distinguer les présents selon un certain ordre ; cette structure d'ordre relève de la lecture ou du récit, elle est à l'œuvre en nous, dans notre structure biologique et dans le cosmos.

13.

# Proust, un feuilletage du passé

Marquons une pause par ce voyage dans le passé qu'est *La Recherche du temps perdu* qui promet « le temps retrouvé » vu que c'est sur lui qu'elle se conclut. En relisant le livre, on voit bien que c'est un feuilletage du passé et non du « temps » ; celui-ci n'est palpable que sous la forme de ces pages où s'active une fibration de chaque scène, fût-elle infime, de chaque événement anodin, au point que *l'œuvre devient elle-même l'origine qu'elle recherche et le temps qu'elle évoque.* Elle devient un objet-temps qui inclut tout ce qu'on peut en tirer comme filons narratifs[1].

Son espace créatif est *double* : il y a la sensation actuelle, puis la trace que le souvenir lui associe, la fibre que l'écriture constitue et qu'elle redonne au lecteur pendant qu'elle la connecte à d'autres fibres. L'écriture dit tout ou croit tout dire tant elle donne l'impression de ne rien laisser dans l'ombre, l'inconscient est réduit au refoulé qui fait retour, ce n'est pas un moteur de nouveaux désirs, il n'*invente* pas, il active l'*inventaire* des

1. Certes, il laisse beaucoup de filons aux exégètes, mais ce ne sont pas des durées, c'est du travail, le leur.

souvenirs qui prend donc toute la place. Pourtant, en remontant notre mémoire vers ce que rappelle une sensation, on trébuche sur des matériaux qui, sans rien rappeler, ouvrent de nouvelles pistes si on les remarque, si on les marque autrement. Mais, dans *La Recherche*, l'écriture prend la place de l'inconscient qu'elle chasse ; elle remplace l'écriture du temps par le temps de l'écriture. L'œuvre elle-même « sait » qu'elle est le but ultime de toute une vie, qu'elle n'est pas un relais pour la suite. Elle se plie à cette contrainte et se déplie en phrases somptueuses qui connectent et activent les moindres fibres de cette mémoire *fractalisée* plutôt que fracturée. Plutôt que le trajet fulgurant d'une quête de l'être – de l'autre lumière ou de l'autre temps, elle veut nous donner tout ce qu'il y a à donner et elle nous comble de petits cadeaux à chaque ligne, elle comble aussi tous les manques qu'elle signale ou suscite, comme si en imitant les manques déjà-là, qui ne dépendent pas d'elle, elle comblait tout ce qui lui échappe, de sorte qu'en apparence rien ne manque, tout est dit, même si on a l'impression que ce que l'œuvre nous transmet par-dessus ce « tout », c'est le manque qu'elle n'affronte pas, qui l'accompagne tout du long et qu'elle tente de remplir avec des feuilles superbes. Manque à vivre ou à être ou à faire acte, peu importe, l'essentiel est que ces feuilles recueillies, et cueillies comme des gerbes, rassemblées en faisceaux, donneront corps au temps perdu ; elles seront le « temps retrouvé » et c'était leur vraie mission.

Du passé qu'elle évoque, l'écriture cherche plus à dégager des lois universelles qu'à *le confronter au présent, confrontation sans laquelle il n'y a pas de temps*. Mais le foisonnement de détails sur les petites choses est excitant les trajets qui ne valent, pour nous, que par leurs digressions « infinies » et leurs remarques de détail toujours fines, convergent dans l'achèvement final, sans qu'un appel n'émerge de l'œuvre sinon celui auquel elle-même répond. Elle le fait en occupant, par son écriture parfaite, tout l'écart entre le temps du récit et le temps évoqué, en traitant tous ces petits événements comme les maillons essentiels d'une texture qui constitue son espace-temps où la fin se reboucle harmonieusement sur l'origine. Il n'y a pour ainsi dire pas de vie lors des souvenirs. Si la famille, les parents, la maladie (l'asthme), l'homosexualité sont des données que l'auteur décrit avec une finesse de dentellé, c'est que la cassure du temps mène non pas vers l'histoire mais vers la part narcissique où le sujet « échappe » au temps. L'écriture devient l'« autre » de toutes les scènes évoquées et non le lieu où des scènes temporelles se confrontent à leur autre dimension, notamment celle de l'inconscient. Mais, si Proust avait fait place à l'inconscient, c'est son œuvre qui aurait explosé. Il a donc pris ses précautions. Il explosait lui-même assez dans son corps en l'écrivant, pour la ménager à tout prix. Et il finit par le dire : l'œuvre d'art nous délivre *du présent et du passé* en ce qu'ils ont d'inconsistant, elle est hors du temps. En fait, *elle devient ce hors-temps qu'elle fabrique*, elle se referme en boucles de temps coupées du reste ou plutôt de l'autre temps. Les deux temps de la narration et du souvenir se fondent dans un temps toujours passé fait d'infimes paillettes et de feux d'artifice.

Proust donne une grande importance aux objets ; à travers leurs qualités propres, il a en vue des pensées, des rêves, des sentiments et des souvenirs fixés sur eux autrefois, dans un passé qui peut même être légendaire. Il dit que notre passé se donne à nous à la manière dont les âmes des morts, fixées dans des arbres ou des pierres, selon certaines croyances, reprennent vie pour nous quand nous les rencontrons par hasard. Il insiste sur ce hasard et sur l'idée que « notre passé est caché hors » du champ de l'intelligence, « en quelques objets matériels que nous ne soupçonnons pas, et que seul le hasard peut nous faire rencontrer » ou pas. De sorte que son intérêt, voire sa passion pour les objets tient surtout à la tension vers eux, et à l'attente que l'objet livre la pensée qu'il contient, qui prendra forme dans une phrase ou une page en même temps que le sujet en prend conscience ; l'écriture se faisant sous une pression associative assez intense[2].

On peut dire qu'elle lui sert de fibres pour parer ces objets et de filons narratifs pour en faire des objets-temps. De notre point de vue, il incarne une belle synthèse ou un dialogue entre les deux. Entre ses mains, un objet-temps devient fibré par les filons qu'il en « tire », et ce fibré se « représente » comme objet-temps qui, parmi d'autres, jalonnera l'œuvre, dont elle sera la somme totale, sachant que le compte achevé finit tout de même sur un appel : il faut écrire son livre intérieur. Comme il le dit une fois le livre écrit, il peut se douter que, pour d'autres, c'est toujours déjà en cours, sauf s'ils n'en veulent pas.

Le déchiffrage des objets, leur « interprétation » vaillante (qui doit surmonter bien des fatigues et des paresses), c'est son effort à lui pour extraire le temps, pour le tirer et l'amener à hauteur de page[3]. Son œuvre est une collection d'objets-temps

2. « Sans me dire que ce qui était caché derrière les clochers de Martinville devait être quelque chose d'analogue à une jolie phrase, puisque c'était sous la forme de mots qui me faisaient plaisir, que cela m'était apparu, demandant un crayon et du papier au docteur, je composai malgré les cahots de la voiture, pour soulager ma conscience et obéir à mon enthousiasme, le petit morceau suivant. » Et il écrit sa « phrase » d'une page. Comme il l'écrit au coin du siège de la voiture où le docteur met d'ordinaire son panier de volailles, il ajoute : « Je me trouvai si heureux, je sentais qu'elle m'avait si parfaitement débarrassé de ces clochers et de ce qu'ils cachaient derrière eux, que, comme si j'avais été moi-même une poule et si je venais de pondre un œuf, je me mis à chanter à tue-tête. »
3. Et il le dit à la fin, dans « Le temps retrouvé » : « [...] qu'il s'agît d'impressions comme celle que m'avait donnée la vue des clochers de Martinville, ou de

fibrés par l'écriture qu'ils deviennent. Disons même une fibration d'objets-temps devenue écriture[4].

Donc, chaque objet qui compte porte le temps qu'il nous fait vivre à travers les filons et les fibres que nous en détachons dans une pensée écrite ou prononcée. Les objets-temps de *La Recherche* se convertissent à toute allure et patiemment en pages écrites. Proust combine, ai-je dit, objets-temps et fibres, plus précisément, il combine l'extraction de temps dans les objets et le dialogue entre leur présence et les fibres qui les recouvrent et que l'écrivain recueille comme il cueillerait des fleurs de temps. Ce qu'il appelle le temps perdu puis retrouvé, c'est l'autre temps qu'il dégage de chaque objet et chaque rencontre par la tension de ses nerfs, de sa pensée de sa présence sensuelle, de sa détresse corporelle et psychique.

Ces objets, il s'agit de les « faire sortir non seulement de l'espace abstrait » (*sic*) où ils se trouvent, « mais de ce temps imaginaire

réminiscences comme celle de l'inégalité des deux marches ou le goût de la madeleine, il fallait tâcher d'interpréter les sensations comme les signes d'autant de lois et d'idées, en essayant de penser, c'est-à-dire de faire sortir de la pénombre ce que j'avais senti, de le convertir en un équivalent spirituel. Or, ce moyen qui me paraissait le seul, qu'était-ce autre chose que faire une œuvre d'art ? »

4. La fin mérite d'être entendue : « Quant au livre intérieur de signes inconnus (de signes en relief, semblait-il, que mon attention, explorant mon inconscient, allait chercher, heurtait, contournait, comme un plongeur qui sonde), pour la lecture desquels personne ne pouvait m'aider d'aucune règle, cette lecture consistait en un acte de création où nul ne peut nous suppléer ni même collaborer avec nous. Aussi combien se détournent de l'écrire ! Que de tâches n'assume-t-on pas pour éviter celle-là ! Chaque événement, que ce fût l'affaire Dreyfus, que ce fût la guerre, avait fourni d'autres excuses aux écrivains pour ne pas déchiffrer ce livre-là, ils voulaient assurer le triomphe du droit, refaire l'unité morale de la nation, n'avaient pas le temps de penser à la littérature. » C'est-à-dire à l'écriture de leur livre intérieur. On voit bien qu'il s'en prend à la procrastination, qu'il a dû lui-même connaître et combattre. Il en oublie que l'actuel, affaire Dreyfus ou Grande Guerre, peut permettre à certains d'extraire de leur être des fibres de ce livre, au moins autant que le contour des clochers ou les réminiscences. Mais on peut le lui pardonner car il le dit dans le fanatisme de la découverte.

[...] qui se refabrique si bien qu'on peut encore le passer dans une ville après qu'on l'a passé dans une autre » (il s'agit de deux villes italiennes). Et ces temps attachés aux objets puis détachés par l'écriture qui les décrit deviennent « certificat d'authenticité » des objets auxquels on les emploie. Il distingue bien le temps du possible et le temps effectif que l'on consume parce que le corps s'y implique. On peut toujours approfondir cet attrait pour l'objet en tant que porteur d'histoire, et y trouver l'attirance fascinée pour l'objet sexuel, porteur de jouissance extrême et de pouvoir procréateur, mais c'est déjà comme objet-temps qu'il fonctionne dans la texture proustienne.

La madeleine au même plan que la cohorte des objets-temps, et c'est la ligne ou la fibre gustative qui excite le rappel et lui fait ressaisir un petit monde. En fait, dans ce cas comme dans d'autres, c'est la dynamique du rappel qui joue, comme dialogue entre les fibres et leur support. Elle prend place dans un espace, à charge pour nous d'en tirer par le rappel des fils de temps. On peut alors sentir à quel point on est dans une découpe de l'espace-temps où nos yeux ne voient que l'espace et la mémoire veut « voir » le temps.

L'objet qui fait rappel est souvent un bout d'espace qui cherche un bout de temps pour composer avec lui un fragment d'espace-temps. Le rappel d'un temps est toujours lié à l'espace actuel, avec ses champs de force perceptifs et signifiants. La madeleine en témoigne, son intérêt est de construire effectivement un espace-temps, et si elle est tant citée c'est que chacun en a l'occasion. Je suis passé récemment sur un bout de route près du Mont-Blanc, et la sensation m'a rappelé l'époque ancienne où j'y passais autrefois, puis toutes les sensations ont afflué, celle d'un froid bien précis du climat qui « fixa » aussitôt le froid de l'ambiance autour de nous qui arrivions en étrangers à plus d'un titre. La même fixation contenait ma joie qui ripostait sereinement à cette ambiance. Toujours est-il qu'un bout d'espace, en une seconde, s'est associé à l'autre temps, celui où le vécu, remémoré *dans* des détails et des objets insignifiants, dialogue avec des pensées percutantes qui n'avaient pas, jusque-là, trouvé le temps d'apparaître. Ce sont les secousses de ce dialogue qui nous rappellent que nous sommes dans un espace à quatre dimensions, amputé du temps qu'il faut justement retrouver[5].

Ce dialogue entre fibres et objets-temps s'ouvre sur des « époques » et restitue le temps qu'on peut en « tirer », pendant que le cours de l'écriture tire le fil et danse avec sur quatre mille pages dans le but de *recouvrir tout ce qu'il évoque*, tout ce qu'il « décrit ». Le temps perdu et retrouvé est aussi celui que met l'œuvre à émerger, celui que met l'écriture à « couvrir » tout ce qu'elle nomme comme un coureur couvrirait toutes les distances disponibles, ou comme un paiement continu couvrirait une dette énorme mais limitée. Ce recouvrement me rappelle l'histoire du moine tibétain qui, pour protéger son jeune disciple d'un fantôme qui le hantait toutes les nuits, l'a entièrement recouvert d'écriture, sur tout le corps. Il avait juste oublié les oreilles, et le revenant qui les a vues a tiré le moinillon par les oreilles jusqu'à le tuer[6].

Le livre est donc un vaste *revêtement* au-dessus de quelques histoires simples, un *feuilletage* méticuleux de la mémoire,

5. Et Proust prend le courage de le dire à titre de métaphore. Parlant d'une église qu'il contemple, il la voit comme « un édifice occupant, si l'on peut dire, un espace à quatre dimensions – la quatrième étant celle du Temps –, déployant à travers les siècles son vaisseau qui, de travée en travée, de chapelle en chapelle, semblait vaincre et franchir non pas seulement quelques mètres, mais des époques successives d'où il sortait victorieux ».

6. Le recouvrement proustien est une forme de revêtement topologique qui à chaque point associe une fibre ; ici la fibre est faite de toutes les occurrences d'un souvenir, c'est le trajet d'un souvenir à travers toutes les « feuilles » du livre.

une *fibration* des souvenirs seule capable de les relever, sinon de les interpréter[7].

Ce n'est pas qu'une promenade dans sa mémoire, c'est un voyage dans le dialogue que sa pensée mène avec elle dans l'écriture. La pensée de Marcel n'est pas dans son cerveau, elle y passe après coup puis elle se forme dans son dialogue avec les traces d'autrefois. Elle déroule un temps extrait de ce dialogue, où des morceaux déjà-là se mêlent à d'autres qui se créent quand l'écriture les connecte et voudrait les ajuster dans un temps global perdu et retrouvé. Son cerveau est la base d'un grand fibré dont il caresse une à une toutes les fibres passant de l'une à l'autre par des connexions sensorielles ou signifiantes, comme dans un rêve qui s'interprète et recommence au rythme des considérations qui font des allers-retours entre perception et mémoire.

Quand Proust dit que « la réalité ne se forme que dans la mémoire », il faut souligner le mot forme, car la réalité existe aussi hors de nous dans la mémoire qu'elle se fabrique elle-même et qui la fait vivre, mais notre mémoire et notre pensée lui donnent forme et la déforment pour en créer de nouvelles. L'écoulement de la durée n'est pas seulement « en nous », il est dans notre rapport à l'infini des possibles à travers les fibrations que nous pouvons y construire et les champs de force que nous pouvons y supporter. Le grand défi est de se tenir devant cet infini et d'y prendre son temps, littéralement, le temps du possible infini.

7. Tous ces termes topologiques sont évoqués plus haut, voir les chapitres 5 et 7.

14.

# Temps vécu ou invivable

On comprend que le temps, malgré la relativité, déborde la durée et l'événement, se laisse prendre à la trace et à l'écriture, s'implique dans la relation, exploite la répétition, et promet des trajectoires avec retour ou sans retour. Du mouvement aussi, mais ce n'est pas lui, on l'a dit, qui engendre le temps. Les trois temps, passé, présent et futur, sont eux-mêmes des mouvements ; le passé dit que *ça passe*, le présent dit que *ça se présente*, le futur dit que *ça survient*. Et le poète, lui, va droit au but quand il dit : « Le temps, ce moustique entêtant » (Supervielle). Il dit bien la variété, l'intermittence et l'acuité. Il y a le silence du moustique, c'est le temps qui passe sans qu'on s'en rende compte, alors que, peut-être, le moustique est en train de nous piquer à notre insu. Il incarne là le temps qu'on oublie alors même qu'il nous est, peut-être, déjà fatal. Et il y a le bourdonnement, c'est le temps qu'on ressent, qu'on intègre à notre vie sans trop savoir. Puis c'est la note suraiguë, l'événement imminent de la piqûre qui s'annonce dans l'événement de la note aiguë, c'est l'acuité du temps qui vous tombe dessus, ça pique, et si on ne le sent pas, on le sentira après coup ; et c'est entêtant, c'est bien en tétant notre sang que ce temps de la succion s'inscrit dans nos corps ; puis on voit la suite, le gonflement, l'inflammation bavarde après l'événement traumatique ou libérateur.

Et il y a le temps de l'échéance, qui vous révèle que du temps a passé, que vous y étiez comme absent. Vous ne vous en êtes pas rendu compte mais quelque part ça comptait, par exemple dans le corps et la tête de l'autre qui attendait un peu plus de votre présence, et soudain ça tombe sous le signe du « trop tard ». On dira non pas que ça compte (ça ne compte plus, c'est le temps brumeux de la déprime), mais que ça a déjà compté, sans vous. C'était pourtant présent, mais en votre absence plutôt qu'à votre insu alors que ça vous concernait.

Souvent, on formule des relations humaines en termes de rapport au temps. Par exemple, être pris dans le destin d'un autre, dans son rêve ou son fantasme. Ce faisant, on impute au temps ce qui ne tient qu'à nous ; on lui impute nos impasses, on dit qu'il « ne passe pas », or il passe mais il est imprenable. Là est la question : comment le « prendre » ? Pour le passé et le futur, on a l'imagination ; mais le présent, pourquoi le « prendre » puisqu'on y est ? Reste à savoir si on y est vraiment présent. La présence est une question d'être, de rapport à l'être, une question infinie, assez longue à résoudre, ça prend une vie. En attendant, c'est le sujet qui tente le passage à travers le temps, entre le temps qui le traverse et le temps qu'il trouve ou qu'il fait émerger en chemin. C'est lui qui y va, et le poète le confirme (le temps s'en va... le temps, non, mais nous nous en allons). Son chemin change de forme ou de couleur et il se dit qu'il « change d'époque » ou que « le temps a changé ». De même quand on dit que le temps émerge, on peut comprendre que c'est nous qui émergeons « avec » ce temps.

Dans le présent à vivre, on hérite du passé et on anticipe le futur, pendant qu'une part de ce présent tente de gérer le basculement vers le passé et qu'une autre part affronte l'avenir, avec chaque fois le mouvement inverse où le présent « prend » dans le passé et se projette dans l'avenir (ou hérite du passé et anticipe l'avenir). On serait toujours dans le bateau du présent qui fend les eaux de l'avenir et qui laisse son sillage au passé, mais l'image est inexacte. On tenterait bien de l'affiner par des tourbillons *arrière* du présent – faits de fibres, de plaques ou de feuillets – qui chassent le temps présent vers le passé, et des tourbillons *avant* du présent qui affrontent l'avenir et en extraient des prémices pour les mettre au présent. Mais ce n'est pas simple à « visionner ».

S'agissant de présent, on est dans la présence continue de notre corps, qui est assez stable. Lorsqu'il se met à changer soudain, c'est l'angoisse où le temps se dissout. Le corps est un objet-temps, on en extrait du temps, parfois jusqu'à l'épuisement du temps possible ; ce qu'on appelle *burn-out* c'est le fait qu'un corps soit pressé jusqu'à la dernière goutte de son temps au point qu'il n'en a plus à vivre, qu'il entre dans son invivable ou dans sa propre fin des temps. Bien sûr, quand on dit qu'on donne son temps, on croit que le temps est là, étalé sur un intervalle. On croit qu'on vient le parcourir jusqu'à ce qu'il s'épuise du début à la fin, qu'on va donc consommer un temps préalable. Mais on peut le voir autrement : on va extraire du corps une ligne de temps qu'on tire jusqu'à l'instant final fixé ; l'âme-corps est un gisement de temps que l'extraction peut épuiser.

Dans le vécu plus prosaïque, réfléchir à l'usage qu'on fait de son temps c'est seulement réfléchir à ce qu'on fait de sa vie. Si quelqu'un dit « je manque de temps » ou « je perds mon temps », il dit qu'il n'a pas trouvé l'objet avec quoi compter, ou que les comptes en cours – qu'il doit poursuivre – l'épuisent, ne lui laissent aucun temps autre. Ceux qui se plaignent de manquer de temps rejouent seulement leur manque à être en termes de temps. Parfois même ils organisent ce manque pour tenter de le combattre et de faire passer par lui le temps qu'ils ont « gagné », comme pour contrer par ce gain le manque en question.

Par ailleurs, beaucoup d'objets industriels nous « gagnent » du temps, mais cela prend du temps d'aller s'en faire gagner par eux, d'entrer dans leur logique et de les prendre à la place de ce que serait notre objet de désir devenant objet-temps. L'avion nous mène vite à New York et nous gagne huit jours de bateau mais on n'a pas besoin d'aller là-bas aussi souvent que le suggère ou l'impose cette grande facilité. Quand ce sont des objets pratiques, même sophistiqués, ils sont déjà intégrés, ils ne comptent plus sauf quand ils dysfonctionnent. Les limites de la gestion sont donc évidentes : « bien gérer » son temps c'est bien l'organiser, après quoi, ce qui compte c'est ce nouvel organisme ; c'est lui le « maître » du temps, et son idéal c'est que ça fonctionne, qu'il ne se passe rien d'autre qui compte, qu'il n'y ait pas d'*autre* temps, mais seulement des durées qui s'enchaînent[1].

Ceux qui croient résoudre les « problèmes de temps » par le *management* entrent aussi dans notre schéma mais, dans leur cas, c'est l'organisation qui « compte », c'est l'organe qu'elle incarne, qui consiste à mettre du temps dans une technique, après quoi ça compte tout seul, mais il manque l'événement.

1. Les temps autres sont souvent les dysfonctionnements, pannes, bugs qui font partie de l'usage normal des instruments et des structures, de leur façon de gérer « leur offre » et « nos demandes ».

Au quotidien, nous avons non pas du temps, mais des possibilités de compter *via* l'événement et la durée. Compter au sens de penser, nombrer, nommer, inscrire dans une histoire. C'est là une autre vision, et la question qui s'ensuit n'est pas stupide : comment as-tu trouvé le temps ? Comment as-tu compté et sur quel événement ? Cela suppose d'entrer dans le présent ; il est là, prêt à s'étendre davantage, mais beaucoup y sont noyés, il leur faut en émerger pour le retrouver ; ils doivent d'abord se rendre compte qu'ils l'ont perdu.

Souvent, on éclate le temps en petits comptes qui gratifient ponctuellement, mais au fond il n'y a pas le compte ; ce n'est pas quantitatif, c'est qu'il manque le point d'incandescence, le pic d'énergie temporelle qui a lieu quand ça compte vraiment et dans l'instant. Comme le dit ce trait d'humour, la seule question importante dans la vie c'est : qu'est-ce que je fais maintenant ?

Le pic d'énergie temporelle est crucial, comme pour la chaleur. Il faut des temps chauds pour obtenir certains effets.

Dans le vécu, le point de vue « fibré » est éclairant : il y a des gens très fibrés, des gens qui le sont peu ou qui ne le sont pas du tout. Les premiers sont dans un travail d'association au sens où, à chaque temps qui compte, ils associent une certaine masse signifiante, pleine d'objets, d'épisodes et de rappels qui relancent et déploient le jeu temporel. Ils sont très associatifs, et pas au sens d'être membres d'associations. Encore que dans celles-ci, chaque membre a pour fibre le groupe excepté lui-même, ce qui fait autant de fibres différentes qu'il y a de membres dans le groupe. Cela fait beaucoup de connexions, qui sont même des intrications, dans certains cas.

Chacun est en proie aux traces d'un temps originel qui demande à compter. Dans la psyché, ces bribes de temps originel s'inscrivent comme sources de temps, comme une réserve de temps « long ». La trace mnésique fonctionne alors comme *objet-temps* pouvant donc s'offrir à d'autres interprétations.

15.

# Nostalgie

Il faut que le présent s'interrompe pour qu'on en garde la conscience en tant qu'il s'ouvre sur l'avenir. Cette conscience peut s'étioler chez ceux qui disent « vivre surtout le présent ». S'ils y trouvent leur compte, ils le prennent comme un gros instant multicolore qui se répète à l'identique, et c'est vivable jusqu'à ce qu'un mauvais coup du « hasard » bouleverse la donne. Le rapport au temps est alors celui du regret.

Le regret, c'est chercher au présent un passé qui n'est plus, et fouiller un maintenant vidé d'avenir car toute la force est consacrée à l'impossible remontée vers le temps disparu. Étrange de chercher dans le présent le passé qui n'y est plus, alors qu'en fait c'est le cœur qui n'y est plus, le sentiment ou le lien est resté au passé ; à le fixer, on ne voit pas les ressources du présent et son lien au possible, prometteur de nouveaux liens.

La nostalgie est une forme allégée du regret, elle cherche moins le temps passé que la force du désir en ce temps-là. Elle peut se complaire à désirer l'« autrefois », mais c'est cette force dont elle regrette la perte, plutôt que le temps dont elle regrette qu'il soit passé. Dans la nostalgie banale, le passé est censé être *la* jouissance, d'autant plus vive qu'il est perdu et remplacé par le souvenir. On en oublie que cette perte, le passé lui aussi l'a connue, qu'il ne pouvait être un présent continu ou répété à l'identique. Et, grâce à cet oubli, les esprits un peu las croient que le passé était plein, alors que c'est leur vision du leur qui est pleine : le passé leur en met plein la vue. La nostalgie est un effort pour remonter le désir épuisé vers les lieux d'autrefois où il était plein de lui-même ; comme des poissons remontent le flux vers des lieux où se reproduire. Elle vise le passé puisque au présent où elle s'exhale ce désir est dégonflé ou sans racines ; elle tente de le relancer sans vraiment y croire. Mais elle est forte, la nostalgie, c'est un ressort essentiel de l'amour, elle vise un tel amour originel qu'elle peut se réduire au seul désir de le répéter. Et elle est rusée, elle veut retrouver par le souvenir une jouissance perdue et, faute d'y arriver, elle peut jouir douloureusement de la perte elle-même, mais par la bande, elle revient vers ce passé où le désir était tonique.

Le regret pur, lui, est une nostalgie installée qui se prend au sérieux, une fixation au passé qui empêche la promesse d'une autre suite. Elle bloque le présent et confirme que le sujet, autrefois, bloquait aussi le présent sur lui-même, l'empêchait de bouger et « méprisait » toute idée d'avenir contraire, toute image du présent qui « se casse ». Quand le regret s'installe et prend ses aises, la prise de temps est vraiment perturbée, l'avenir ne peut pas être perçu, on croit même qu'il est invisible (« je ne vois pas d'avenir »). Curieusement, le poète en donne le secret[1] : il avait eu le « mépris de Fortune » c'est-à-dire du

1. En témoigne ce beau poème si rigoureux : « Las, où est maintenant ce mépris de Fortune ? / Où est ce cœur vainqueur de toute adversité, / Cet honnête désir de l'immortalité, / Et cette honnête flamme au peuple non commune ? / Où sont ces doux plaisirs qu'au soir sous la nuit brune / Les Muses me donnaient, alors qu'en liberté / Dessus le vert tapis d'un rivage écarté / Je les menais danser aux rayons de la

hasard et du temps. Il l'avait réduit au présent, un présent de jouissance répétée à l'identique qui refoule tout aléa. Et ce temps l'a rappelé au tournant, lui coupant le désir et l'avenir. Heureusement, il sait sublimer, et *combler la perte par le poème qui la décrit.* Cela lui donne un avenir et même une « postérité ». Et l'œuvre comble le manque en même temps qu'elle le creuse. C'est en quoi elle est aussi la confluence d'au moins deux temps.

Le traitement technique des choses, déferlant de nos jours, trouve souvent plus « commode » de tout reprendre à zéro, et cela produit l'illusion que le temps n'est qu'une série d'instants initiaux, identifiés aux projets qu'ils déclenchent. Illusion que le temps ne décolle pas de l'instant et de la courbe qui s'ensuit, que l'histoire est abolie, qu'« il ne se passe plus rien de marquant »... Mais le temps est seulement plus difficile d'accès, il requiert du sujet une plus forte implication. En outre, face à leur propre temps, les sujets aussi se comportent comme des facteurs techniques, voire machiniques (« emploi » du temps, planning, grille, prévisions, optimisations). De sorte que, si on ne sait rien faire du temps, on le tue ; tuer le temps, c'est se dérober à son contact, à ce qui le fait émerger ; c'est ne voir que le temps où on est et renoncer à la recherche de l'autre temps. Dans certaines traditions, il s'appelle temps messianique et il s'ajuste assez bien à l'origine perdue.

Notre liberté suppose de percevoir un espace libre dans l'avenir, un temps libre possible et, pour certains, elle vacille

---

lune ? / Maintenant la Fortune est maîtresse de moi, / Et mon cœur, qui soulait être maître de soi, / Est serf de mille maux et regrets qui m'ennuient. / De la postérité je n'ai plus de souci, / Cette divine ardeur, je ne l'ai plus aussi, / Et les Muses de moi, comme étranges, s'enfuient » (Du Bellay, *Regrets*, 1558).

lorsque ce vide est angoissant, et que le temps à venir n'est pas assez rempli. Le seul jeu qui reste est de déplacer des blocs déjà fixés et non l'espace vide de l'avenir qui est déjà « épuisé » : savoir d'avance ce qui va s'y passer est une façon de faire en sorte qu'il ne s'y passe rien de nouveau. Et comme en outre les cadrages veillent à ce que rien ne leur échappe, la liberté n'est plus qu'une ombre.

Si l'outil technique est un smartphone ou une tablette, il ouvre des lignes temporelles internes à l'« application ». Dans cette bulle, on gagne du temps et on en perd, mais l'accès au temps nouveau est déjà très encombré sinon barré. Il y a de l'échange et du partage (surtout d'images) mais c'est toujours dans un même temps. Certes, la grosse mémoire permet de stocker du temps, de le mettre en réserve pour « plus tard », mais ce « plus tard », marqué dans le temps ordinaire, celui de la montre, n'a souvent jamais lieu. Dans le *récital* de la « post-modernité », on cherche en vain où se brancher pour avoir « les bonnes données » sans toujours voir « ce que ça donne ». Ceux qui veulent à tout prix voir et savoir y consacrent « tout » leur temps.

Ajoutons que certains êtres du monde animal, en cas de nécessité, inversent leur processus de vieillissement donc rajeunissent, et ils peuvent répéter l'opération assez souvent. On dit alors qu'ils remontent le temps ; en réalité, ils continuent à descendre son cours mais en remontant leur processus biologique. Ils incarnent alors deux temporalités distinctes. Si on arrivait à transposer chez l'homme ce type de processus, on produirait des vieux jeunes mais seraient-ils les mêmes qu'avant ? Ne seraient-ils pas des « tout autres » ? Pour l'instant on n'en est qu'à tenter de freiner certains aspects du vieillir, avec assez peu de résultats.

16.

# Le symptôme bloque du temps

Le *symptôme* aussi est chronophage, il pompe une part de votre temps, à charge pour vous de retrouver ce temps perdu. Le symptôme est une prise de temps bloquée qui tourne en circuit fermé, et ce blocage peut transmettre aux descendants un certain rapport au temps, marqué par le symptôme ou par l'une de ses variantes[1].

Je pense à un cas où les parents furent cachés pendant la guerre parce que juifs (ce mot, pour eux comme pour d'autres, valait menace de mort). Ils n'en ont pas vraiment parlé, et voilà que leur fille aînée épouse dans les années 1960 le fils d'un commissaire de police (allusion franche et provocante à la police parisienne qui fit la rafle du Vel' d'Hiv' de 1942), et que la fille de cette fille trente ans plus tard épouse un Allemand à l'église, en Allemagne, avec conversion, et proclame qu'elle est « trop folle » pour avoir un enfant. Trop folle veut dire simplement que dans cette transmission de vie et de mort venant des siens et des autres, elle ne s'y retrouvait pas. Disons qu'elles n'avaient pas de point de vue, de perspective d'où elle

1. Nous en parlons à propos de « Clinique du temps ».

aurait pu voir s'offrir un autre temps. Il n'y a eu personne pour rassembler ces souffrances autour d'un foyer commun et reconnaître qu'en filigrane, ces grincements furent la manière dont chacun a branché sa *prise de temps* sur ce bloc radioactif ; la même souffrance s'est déclinée diversement ; cela aurait pu conjurer des places mortifères et du temps invivable, à la fois vide et saturé, sans aucun retour éclairant. Mais, dans ce type de transmission, chacun a hérité d'une guerre contre lui-même et les siens, une peur d'être lié aux siens et une peur de s'en libérer.

En somme, un bloc de temps figé, vécu par les parents (enfants cachés) et confisqué aux descendants par le silence et le déni, génère pour eux l'impasse du temps imprenable et celle du choix des partenaires[2].

Aujourd'hui, on observe des retours passionnés aux origines, surinvesties de mainte façon, notamment religieuse. Ces retours semblent porter l'illusion de ressaisir le temps perdu ou de retrouver un temps premier dont dériverait une suite nouvelle. (On a vu que le « temps retrouvé » de Proust n'est autre que l'écriture de sa recherche, portée par le plaisir de bien dire tout ce qu'il trouve dans ce chemin.)

Voyons d'abord un autre exemple où c'est une scène qui bloque le temps. L'écrivain Marcel Cohen[3] raconte qu'il

2. Cette impasse concerne souvent le choix du partenaire sexuel. Ce choix est une source de temps, *via* l'histoire nouvelle et l'enfant possible ; l'accès de ce temps peut être barré ou perturbé par le symptôme, surtout d'ordre transmissif.
Cette situation familiale peut illustrer – et mieux s'éclairer par – le recours aux fibres temporelles (voir plus haut paragraphe 10) ; il y a trois temps, celui des parents cachés, celui de la fille et celui de la petite fille, disons $t$, $t'$, $t''$, dans cet ordre. La fibre $F_{t''}$ va croiser les deux fibres précédentes, $F_t$ et $F_{t'}$ en des points qu'elle actualise, qu'elle met au présent de la troisième génération, avec un enchevêtrement que l'on pourrait expliciter, qui semble assez tourbillonnaire.
3. Dans son livre *Sur la scène intérieure*.

revient à l'Hôpital Rothschild pour une commémoration, et voit la fenêtre où se montrait Marie, sa mère, qui s'y trouvait enfermée avec des dizaines d'autres juives en 1943, attendant que leur bébé ait l'âge qu'il faut (6 mois) pour être déporté avec elles et gazé à l'arrivée. La fenêtre, ce jour-là, s'est ouverte et ce sont de jeunes infirmières qui sont apparues. Lui-même est dehors près de la grille, là d'où autrefois il observait Marie. Le silence qu'il entend lui « confirme » avec cinquante ans de retard que ces mères et leurs bébés sont toutes parties. Pendant que le discours commémoratif évoque le passé comme pour le contenir, une femme dans la foule fond en larmes au grand agacement du public, qui croit qu'elle est émue par le discours. Il semble plutôt qu'elle représente ce dont parlent les orateurs : elle est à la frontière poreuse où le passé se « conjugue » au présent. Marcel voit, à travers les jeunes infirmières, celles d'autrefois qui terrorisaient les jeunes mères. Il les voit dire en silence « le passé est le passé » et il refuse cet énoncé. Il rappelle que Marie ne pouvait ni parler ni se taire : pour parler elle aurait dû crier et c'eût été désigner ses visiteurs, et se taire était impossible, elle parlait donc par gestes et par des mouvements de la bouche. Les deux infirmières à la fenêtre n'étaient pas nées quand Marie était là, elles étaient « à des années-lumière », alors que, pour lui, Marie était là la veille, et quand il la voyait autrefois à la fenêtre de Rothschild, il avait vingt-cinq-trente ans de moins que les infirmières de l'époque.

Ce croisement de perceptions et de mémoire fait tourner son texte autour du nœud temporel que j'évoquais, et lui donne une intensité qui confronte l'actuel et le passé, tous deux marqués d'un temps invivable, et impossible parce qu'il ne trouve pas sa place : c'est du temps *déplacé* et flottant qui attend toujours, par exemple, un événement qui lui donne sens[4]. Pour le dire autrement, le temps se transmet en passant, et au passage il se consume.

4. Ce temps *déplacé*, c'est-à-dire sans place possible, évoque le « *time is out of joint* » de Hamlet, quand, après le meurtre du père, « il y a quelque chose de pourri au royaume de Danemark ». Le temps est « hors de ses gonds » : les cadrages ordinaires pour le prendre se sont brisés sur ce meurtre où la loi est bafouée ; le symbole qui préside à la prise de temps est brisé. En somme, le temps reste possible mais on ne sait pas comment le prendre. En d'autres termes, l'histoire perd du sens, on doit le lui réinventer et ce n'est pas simple.
Le temps est souvent en crise, c'est-à-dire dans un état où sa simple continuité ne marche plus, la crise est alors elle-même l'autre temps de la situation bloquée.

17.

# L'attente et l'identité

Le symptôme, en ce qu'il a de chronophage, peut être social, comme le montre cette anecdote : dans la longue file d'attente pour la « sécurité » devant le *scan* à l'aéroport, j'entends cet échange : « C'est fou, le temps que nous prennent les terroristes. » Et l'autre répond : « C'est vrai, ils nous ont *ralentis.* » L'un parlait du temps courant, où c'est vraiment lent pour passer, et l'autre de la vivacité du temps vécu ; on devient moins réactif donc un peu « ralenti », c'est le prix à payer pour être dans le *récit* commun.

Quand un sujet parle de sa vie, ses paroles sur son origine varient d'une fois sur l'autre, preuve que ses « conditions initiales » ne sont pas reproductibles, comme le discours qu'il tient sur elles ; il y a des *variabilités* intrinsèques dans nos vies car il n'y a pas de répétition à l'identique. La variabilité, c'est l'impossible de reproduire à l'identique ou de retrouver l'identité. Il n'y a pas d'identité sans variabilité, d'où se dégagent des invariants, donc aussi des identités. Même les états finaux des trajets ou les arrêts provisoires ont cette variabilité. Quand c'est nécessaire, on trouve des trajets plus stables qu'on qualifie de « structures », mais souvent, les sujets eux-mêmes les font varier. De fait, très peu de patients sont fidèles à la structure qui les décrit.

On connaît la phrase de Victor Hugo : « Les plus beaux jours sont ceux que l'on n'a pas encore vécus. » Certains l'entendent comme : le meilleur est à venir, ce qui est un vœu banal ; on peut mieux l'entendre en repensant à la beauté, puisqu'elle évoque l'amour et que l'amour veut l'infini. Le poète aime l'*infinition* de ce qui n'est pas encore passé, il aime la frontière entre l'avenir et le présent, il peut même convoquer le passé s'il contient trop d'*invécu*, qu'il voudra basculer vers l'espoir ou l'attente.

L'attente, c'est la mise en réserve du temps dans un lieu difficile d'accès, quitte à vider le temps qui reste. Il y a l'attente névrotique : attendre qu'il soit trop tard ; l'attente souffrante : attendre que ça se passe ; et l'attente plus vive où l'on *s'attend* à ce qu'il arrive quelque chose, comme si une part de soi était *à venir*, de là-bas, d'assez loin (encore l'étendue qui s'infiltre dans le temps). Quand on attend des signes où l'objet désiré annoncerait son approche, on prend appui sur eux, et l'attente devient espoir. Non pas l'espoir installé qui s'appelle l'espérance, mais l'espoir d'une secousse d'être qui ferait événement. Cette tension fait tenir le lien d'un collectif dans sa trame et son histoire, avec « son » passé présent et avenir. L'anglais exprime « en attendant » par *meanwhile* : *mean*, c'est le « sens » ou le « moyen », *while* c'est le « pendant ». Il arrive que l'attente se prenne elle-même pour l'objet qu'elle attend. Mais, pour le collectif, l'attente reste une ligne qui le rassemble comme un tout dans la croyance à un passage où l'idéal apparaîtrait. L'absence d'un tel passage empêche l'avenir d'arriver, et pour les grands idéaux, rien de ce qu'on attendait ne s'est passé (ni la Révolution, ni le Salut sur terre...).

Pourtant, inventer l'attente d'un objet qui ne viendra pas est un coup de force. C'est poser que l'objet du « vrai » désir est toujours imminent, à travers des objets et des désirs accessibles, mais qu'il restera loin. C'est tout le projet messianique. (Le Messie est l'oint...)

18.

# Sentir le temps

Bergson s'interroge : comment du successif peut-il être engendré par du juxtaposé ? Comment des points placés côte à côte sur une ligne peuvent-ils se dynamiser pour figurer le passage du temps ? L'ennui est que deux points juxtaposés sur la droite, cela n'existe pas ; si proches soient-ils, il y a entre eux une infinité de points. Et si un point étant donné, on en marque un autre, la dynamique tient en un mot : « encore » ou « répète » ; en somme, « continue ». En outre, l'instant ne peut être isolé, il est pris dans une durée et, comme elle, il se rattache au temps du possible infini. Entre l'instant et la durée il y a une dynamique d'entre-deux. On peut se fixer sur l'instant sans perdre le changement, et se fixer sur le changement, donc sur un intervalle de temps, sans perdre l'instant[1].

Il y a eu un malentendu entre Bergson et Einstein ; celui-ci, avec raison, disait que « le » temps n'a pas de sens, que la durée n'est pas la même pour vous et moi, soit, mais cette durée, singulière pour chacun, peut toujours recevoir avec profit et

1. En fait, Bergson bute sans le savoir sur l'écart irréductible entre le discret et le continu ; et son temps universel ne permet pas les objets-temps.

intérêt les analyses habituelles de la durée, comme celles de saint Augustin, Bergson, Deleuze ou Heidegger. À la limite, c'est en donnant toute sa place à la relativité qu'on l'empêche d'être tyrannique ; c'est en lui reconnaissant sa vérité, à savoir qu'il n'y a pas une durée universelle, qu'on délimite son pouvoir et qu'on permet à d'autres, notamment à des philosophes, de ne pas mettre à la poubelle leurs pensées sur le temps.

Saint Augustin, lui, se plaint de ce que pour dire le temps nous n'ayons pas de locution juste. C'est qu'il rêvait d'un temps unique, ou plutôt d'une seule prise de temps qui se dirait exactement. Et il n'y a pas de prise unique, même sous le regard de « Dieu » comme il voulait que ce fût son cas. Tous les mots dont il déplore le vague sont précis pour la « prise » qu'ils suggèrent. Ce sont les prises de temps et les surprises qui sont variables et qui comptent. Prendre le temps, au sens courant, évoque le fait d'avoir devant soi du vide, de l'espace et du souffle. Ce n'est pas le temps qui devient Arlequin, ce sont nos prises de temps qui sont hétérogènes, au point qu'on se réfugie dans le seul temps des horloges.

Être mort, c'est n'avoir plus de prise corporelle sur le temps.

Pour nous le temps n'a de sens que dans la prise de temps, même si on ne fait qu'en parler. Le mot temps fait sens s'il est pris dans le courant d'une phrase. C'est une façon de prendre le temps ou d'être pris par lui, elle tente sa chance et elle se juge au résultat.

Si on se colle au mot temps, on ne peut rien en dire ; si au contraire on l'embarque dans des circuits psychiques, poétiques, historiques ou scientifiques, on peut le faire parler et parler à travers lui, « dans » le temps que ça prend ou que ça libère.

Parfois, « prendre le temps » c'est comme prendre le pouls ou la température, mais le temps, on le prend pour le consommer et le perdre. Savoir prendre le temps, cela vaut aussi pour le passé, pas seulement pour le présent.

Pour certains, le rapport au temps est fondé sur le futur, sur la vision anticipée de la mort à venir. Disons qu'ils privilégient l'être-pour-la-mort ; or ce rapport repose aussi sur le présent et le passé, c'est un rapport à l'infini des possibles et le possible n'est pas réservé au futur, il touche aussi les autres temps.

Face à l'être-pour-la-mort, il y a l'être pour la naissance, il compte aussi dans la prise de temps. Et même face à la mort ou dans son anticipation, le sujet porte son origine lointaine, elle fait sentir ses effets jusqu'au présent où il puise aussi du temps, consciemment ou pas. De sorte que *l'anticipation côté futur ne va pas sans rétention côté présent et passé*, on s'y retient et on y est retenu. On est même arc-bouté entre ces deux pôles sous le signe du possible. Au-delà des grilles, des programmes et des agendas on est face au temps de l'infini des possibles, mais on oublie l'infini.

Cette prise de temps et de conscience tient au nœud où s'entremêlent les trois temps d'une façon précise et ouverte : sur le mode du tressage. Par exemple, le présent passe par le passé pour s'adresser au futur, et le futur passe « au-dessous » du présent pour s'adresser au passé, etc. Mais le trio des trois temps marche de concert, il y a une vive concertation dans le passage du temps entre chacun de ses trois versants. De façon plus formelle, présent, passé et futur peuvent se ranger de six manières différentes, et chaque permutation, chaque présentation des trois temps permutés donne lieu à une tresse qui crée un nœud. Sans entrer dans le détail, on voit que chaque approche du temps est une *texture nodale* portée par l'orientation avant-après, présent-futur, passé-présent. La naissance est l'apparition de ce nœud temporel qui sans cesse se transforme et la mort signifie sa disparition. Mais chacun passe beaucoup de temps à intégrer des éléments de son origine compte tenu du présent et du futur qu'il anticipe. Notre rapport au temps est entre deux ombilics, la naissance et la mort, l'origine et l'effacement, avec une lutte pathétique pour laisser quelques traces, cueillir quelques jouissances et détourner toute ligne directe qui voudrait filer vers la fin.

En outre, que le temps ait existé avant notre apparition sur terre ne suffit pas à nous en donner l'accès. Quand on pense à cette existence avant nous, on extrapole notre savoir actuel, dont la partie « objective » est réduite. Quand on cherche à comprendre le temps, le résultat se ressent de cette recherche elle-même, et le quantique nous souffle que ce n'est pas scandaleux, que lui-même dans sa physique rencontre ce phénomène où l'objet d'une recherche se ressent de cette recherche. Cela ne veut pas dire que c'est ce qui se passe en nous qui constitue le temps, mais que dans notre rapport au possible, cela influe sur ce qu'on trouve, et c'est une bonne chose. Insistons-y, le temps de la physique suppose le silence des hommes, mais il ne peut ignorer leur présence et leurs actions dans le réel.

Prétendre savoir ce qu'est le temps « objectivement » semble aussi abusif que de prétendre connaître la réalité telle qu'elle est, objectivement. La physique quantique y objecte, et Einstein, qui croyait à cette connaissance objective, en a été bien contrarié. Outre que l'espace-temps relativiste qu'il a créé n'intègre pas le quantique et donc ne dit pas tout de la physique. Or si la physique ne peut pas produire ce savoir, malgré la puissance de ses méthodes et de sa pratique, quel sens y a-t-il à l'exiger de ceux qui ont affaire au temps et qui en parlent ? La question du sens est d'ailleurs elle-même éclatée ; par exemple la question : que se passe-t-il maintenant sur Andromède ? a un sens pour nous mais n'en a pas forcément en physique.

Une façon de perdre le sens du temps et de ses passages féconds est de sombrer dans l'ennui ou la répétition. L'ennui est une forme débonnaire de l'angoisse, où l'on n'a plus d'autre repère que soi-même qui n'inspire plus grande confiance ; de sorte qu'on perd la sensation du temps, qui semble à la fois liquéfié et inerte, sans rapport vivant avec le temps réel qui coule. Avec la répétition, c'est plus complexe, on argue de sa monotonie, ce qui est souvent injuste car dans ce qui se répète il y a assez de choses qui ne se répètent pas pour qu'on puisse dire qu'il n'y a pas de répétition véritable et qu'à travers les répétitions il y a du nouveau qui attend. Il est dans le rapport avec les fibres : la plupart ne voient que le temps qui passe, linéaire ou cyclique, le temps qu'on peut appeler horizontal, ils ne voient pas au-dessus (de leur tête ou de chaque instant) des faisceaux de temporalité qui « attend » d'être vécue ou racontée, et comme ils ne s'en doutent pas, c'est du temps « perdu » ; en fait, c'est du temps réservé dans la mémoire.

Le temps perdu c'est du temps non raconté ni pris en compte alors qu'il attendait de l'être. Et parfois un artiste cherche à le reprendre, à le rattraper avec son matériau à lui, par exemple avec des mots, et plus il avance à travers ces faisceaux de fibres ou de « feuilles » où il « trouve » les mots qu'il apporte, plus il écume le temps qui « attendait » là et qui sinon serait perdu, de sorte qu'à la fin, quand l'œuvre a pris forme, elle est elle-même ce temps perdu qu'elle recherchait. L'auteur tient en main ce temps qu'il a fait émerger et nous le donne à prendre. Il confirme par son gros pavé de feuilles qu'il y a le temps qui passe sur une ligne ou un cycle et le temps qui ne passe pas, non qu'il résiste violemment à passer, il peut attendre tranquillement qu'on le prenne, qu'on le séduise, qu'on le reconnaisse. C'est ce que fait chaque grand artiste qui avance en coupant à travers cette forêt de faisceaux faits avec du temps possible qui aurait été perdu s'il n'avait été retrouvé. Toute grande œuvre d'art est faite avec du temps perdu qu'elle accumule et qu'elle exalte, faisant ressortir sa beauté secrète c'est-à-dire l'amour non dit ou mal dit qu'il contenait, lui faisant prendre corps dans l'œuvre elle-même.

19.

# Avoir du temps

Le caractère « déterminé » du temps de la mort existe aussi côté naissance, celle-ci est déterminée en tant que prématurée, et la nébuleuse qu'elle produit, appelée « origine », est implacable et indéterminée[1].

Certes, la mort garde un rôle d'orientation, elle n'est pas le centre, elle est à venir, elle aura lieu pour chacun quand il aura fini son dernier « film ». La mort n'est pas le centre, et celle de l'un ne dépend pas de celle de l'autre même si après coup on les ordonne sur une ligne[2].

De grands esprits sont obsédés par l'idée de la mort, de la fin, et les enfants aussi méditent sur cette fatalité, cette capture du temps qui serait plutôt sa donation négative. Un jour,

---

1. La mort peut servir de repère mais on ne peut pas écrire sa mort. Tous les débats souvent douteux pour situer l'instant de la mort, inscriptible comme tel par le sujet, butent là-dessus. On se rabat sur ses « directives anticipées », or anticiper l'idée de sa mort revient à la mettre au présent donc au passé, cela n'implique pas de faire face au futur qui reste intact, sauf à le barrer d'un trait.
2. Ce qui n'est pas toujours le cas quand il s'agit de corps célestes ; la fin de telle étoile et celle d'une autre n'ont rien à voir ensemble, pas même avec « le » temps : on ne peut pas dire laquelle des deux a précédé. Le discours médiéval sur la Mort fut un leurre émouvant et massif, laissant croire qu'on était tous devant Elle, devant la même, et qu'elle était commanditée par un Dieu sur lequel on projetait toutes les peurs.

avec un de mes enfants qui était petit, je me trouvai au cimetière devant la tombe de mon père. Soudain, je vois ma gosse qui rougit en poussant très fort la dalle supérieure. « Qu'est-ce que tu fais ? – Je pousse parce que ça doit être très lourd pour lui ! – Mais tu sais, il n'est pas là. » Et la question tombe : « Où est-il ? » Plutôt que de dire « dans mon cœur » ou « au ciel », j'ai dit : « Il est avec tous ceux qui sont morts. » Elle fut rassurée, il n'était pas seul, et le problème de ce qu'ils font là où ils sont était confié à un groupe important. J'ai mis une fibre associative sur cette tombe qui l'a reliée au monde des morts, c'est-à-dire à la vie puisque tout le monde meurt. La mort de chacun est la fin de tous ses présents, mais c'est aussi ce qui peut inscrire sa présence dans le devenir humain, qui lui est bien vivant.

Le devenir ne remplace pas le temps, il est lui-même pris dans le temps. On dit : ça va devenir, c'est devenu, ça deviendra. Et la phrase d'Héraclite « Rien n'est, tout devient » le confirme ; elle semble tout centrer sur le devenir, mais elle dit que l'être ne s'en tient pas à ce-qui-est, que l'être ne s'arrête pas, que tout est pris dans le mouvement du temps[3], que ce qui est là va bientôt cesser d'y être ou cesser d'être lui-même.

Avoir du temps, c'est avoir la sensation d'une *secousse d'être* imminente qui s'appelle *événement*, et qui promet d'arriver, de se détacher du bloc de temps disponible ou du grand Temps inconscient pour venir prendre place dans le temps disponible. Avoir du temps c'est avoir le contact avec, c'est n'avoir plus à recycler cette réserve de temps dans un symptôme répétitif qui tue le temps et empêche de le « prendre ».

3. Qu'il soit une hausse d'entropie ou un parcours de « ligne d'univers » (ou de vie).

Outre l'habituel « que faites-vous de votre temps ? », on pourrait dire : que faites-vous de vos instants, de ces chocs de temps non ressentis mais présents ? On nous envoie dans les « infos » des photos de meurtre, des vidéos « en temps réel », souvent, elles nous montrent l'indifférence des « tiers » qui suivent leur ligne de temps à eux. L'instant du meurtre se superpose au présent plus qu'il n'en émane, et ce collage de deux temporalités est plus violent que l'acte, il n'a pas de temps pour se dire. L'écart qu'il révèle est une violence plus radicale qui précède celle du meurtre.

Le temps est ressenti dans le déroulement d'une parole, d'une pensée, d'une rêverie, d'une activité consciente doublée par une pensée ou bien entrecoupée[4]. Mais qu'est-ce qui nous porte à parler ? Est-ce le besoin de se « justifier » d'on ne sait quel « crime » ou quelle faute ? On parle pour prendre du temps, un temps que l'on produit et consomme aussitôt. La « prise de parole », acte de plus en plus coûteux, fait figure d'événement, de petite origine ou point de départ, après quoi on déroule, on essaie de compter : on parle pour dire des choses qu'on croit « justes », pour rétablir la justesse ou la justice, pour fixer des repères dans l'espace-temps des relations, pour pouvoir parler encore et exister à travers ceux qui nous écoutent, jusqu'à épuiser ce besoin d'être soutenu et de ne pas tomber dans le vide. Notre temps, une fois que d'autres en ont dévoré l'essentiel notamment par le travail, est avant tout un temps de parole, d'écoute, d'action, de rencontre, de rêverie, et cela inclut beaucoup de choses qu'on croit connaître et sur lesquelles le numérique a posé son emprise.

4. Une activité mécanique qu'on exécute sans y penser fait dire qu'« on ne voit pas le temps passer ».

On sent le temps en le prenant, à moins qu'on ne soit pris par lui. Il n'y a que des prises de temps, tantôt on a prise, tantôt et plus souvent on est pris par le temps et ficelé serré. Quand on est à l'instant *t*, l'avenir n'est pas dans la suite de la droite, ce n'est pas une cohorte d'événements qui s'apprête à y prendre place et à s'aligner après *t*. Le futur dépend des objets-temps convoqués à cet instant, objets disponibles ou possibles. Nous verrons que ces objets ponctuent notre sensation où le temps est une disponibilité du cosmos. Le cosmos est disposé au temps, à petite ou grande échelle, c'est une disposition de l'être, qui permet d'y prendre un bloc de *présence orientée* où le minimum est qu'on puisse parler d'*avant* et d'*après* ; le minimum d'ordre, en somme. Et cela suffit pour sentir le temps comme un vent de possible qui se lève. On le perçoit dans le geste d'écrire qui nous livre au temps sans défense, dans le geste d'inhiber la trace d'avant pour marquer la suivante en vue de la troisième, ce qui correspond bien au passé, présent et avenir. Le relais principal de l'être, c'est l'espace où ça a lieu d'être, et le temps apparaît lorsqu'on se dégage de l'être et que commence l'écriture de la lettre.

Dans le train, une mère donne un livre à son fils : « Tiens, lis un peu, ça te fera passer le temps. » Autrement dit, ton présent qui dure cinq heures va être long si tu es tout seul avec ; grâce au *présent* de ce livre, tu auras quelque chose à faire passer, tu feras passer ce présent au passé, tu peux renouveler ton présent avec les pages du texte, avec ce paquet d'histoires branchées sur tes rêveries…

Savoir si le temps passe « par lui-même » ou si c'est nous qui créons l'impression de son passage est peut-être une fausse question car, si le temps passe, il passe pour nous qui le disons, nous qui avons pu dater l'histoire de l'univers et dire qu'il a tant d'années. Certains en déduisent qu'il a « passé le plus clair de son temps sans nous », et quel grave problème s'ensuit-il ? Nous ne sommes quand même pas l'origine du temps, la lumière a beaucoup brillé en notre absence.

## 20.

# Existence du temps

Récapitulons. Dire que le temps n'existe pas parce que tout recommence est très naïf car l'essentiel est dans l'écart entre les répétitions, dans ce qui ne se répète pas quand ça se répète. Par ailleurs, on a vu que l'effet Einstein, c'est que deux histoires peuvent commencer en même temps et finir en même temps sans avoir la même durée, au sens où le temps ne s'écoule pas de la même façon pour les deux. Mais il y a quelque chose qui s'écoule, qu'on l'appelle temps ou durée, il y a de la durée partout, même si partout elle n'a pas la même vitesse. L'existence des durées et des événements assure celle du temps dans ces deux aspects cruciaux, il est vrai très partiels.

Sur terre, le temps que nous vivons existe, il synthétise les datations, les durées, les chronologies selon un ordre total que figure bien la ligne, droite ou courbe. Il sert de repère à chacun pour mesurer son temps propre, et pour connecter nos temps propres dans ce qui nous sert de temps commun, là encore de façon approximative : si nous avions chacun une horloge atomique en guise de montre, nous la verrions se désynchroniser dans nos déplacements ordinaires, l'heure qu'elle donnerait serait différente, mais il faut aller très loin dans les chiffres pour noter la différence. Les heures indiquées sont pour nous presque identiques, et ce presque devient énorme quand le cosmos est impliqué. Au temps d'Einstein, l'expérience était fictive[1], aujourd'hui elle fait sens et renvoie à des mesures physiques précises.

Bien sûr, ce n'est pas très satisfaisant d'avoir un temps pour la terre et un temps pour le ciel, mais pourquoi faudrait-il qu'un même temps s'écoule dans « tout » l'univers ? D'ailleurs, même ce qui s'écoule comme « temps » sur terre veut surtout dire que chacun s'écoule et se coule dans sa ligne d'univers, ou se glisse dans l'espace-temps selon cette ligne. Dire que le temps d'un sujet s'écoule c'est dire qu'il suit sa ligne d'univers.

En fait, l'existence du temps se démontre dans l'acte de le « prendre », de le faire émerger, acte qui n'est pas purement subjectif : les planètes aussi « prennent » du temps pour se raconter leurs relations. L'acte de prendre le temps, donc de le faire exister est objectif et subjectif, c'est un constant va-et-vient entre les deux registres qu'il entremêle et dont il est l'intrication. Il est la mise en relation d'un sujet et d'un objet-temps minimal : fait d'une origine et d'un compte. Rien n'empêche de subjectiver les étoiles en disant qu'elles « savent » prendre leur temps et le connecter au nôtre. Et si vous ne prenez pas le temps, il ne reste pas là, devant vous, à attendre, non : il n'existe simplement pas. Du temps auquel nulle « prise » ne s'applique est irréel.

Le plus souvent, c'est quand on vous le prend, ce temps que vous auriez pu prendre, que vous sentez douloureusement son

1. Voir les jumeaux de Langevin.

existence, dans sa disparition même, puisqu'il disparaît pour vous quand vous n'avez pas pu le prendre[2].

La pression du marché dévore le temps des marchands qui pompent celui des employés, et chacun dit qu'il « n'a plus le temps » de penser ce qu'il fait, son existence, ce qui ferait sens pour lui. On a vu que deux personnes touchent l'existence même du temps quand l'une doit attendre que l'autre arrête de parler pour enchaîner, sauf à ne pas pouvoir s'entendre. (C'est déjà difficile même quand elles s'écoutent, à cause des fibres qui souvent les accordent à contretemps.) Attendre que cesse une parole pour qu'une autre commence, c'est la question même du pouvoir : celui qui met les autres en attente, ils peuvent toujours attendre, et s'ils donnent de la voix aux urnes, c'est en silence. Mais cela suggère que, pour nous autres humains, le temps a pu commencer par un bon coup de silence dans le brouhaha innommable ou par un cri dans un silence étourdissant ; le silence comme durée qui fait événement, et le cri comme événement qui peut durer ont dû trouver une intrication primitive.

Cela montre aussi qu'un point de silence sépare et relie les deux parlants, l'instant où l'un doit se taire pour que l'autre commence. Instant d'accord et de désaccord parfait, de dissension consensuelle, instant de « bien entendu » et de malentendu. Il se peut que le temps soit né sur un malentendu et que la chose se renouvelle à chaque instant un peu marquant.

2. Cette douleur du temps impossible est structurelle dans le salariat, où le sujet n'a d'autre choix que de laisser l'entreprise qui l'emploie lui prendre son temps. Marx a dû le ressentir, mais le remède qu'il a trouvé à cette douleur s'est révélé plus douloureux. Ce fut de dire : c'est injuste de donner son temps à des personnes privées qui s'enrichissent avec, il faut le donner aux représentants des travailleurs, qui ne manqueront pas de le rendre.

Par ailleurs, la question du temps est liée à celle de l'existence. Celle-ci n'est pensable que dans l'émergence, dans le mouvement où l'existant apparaît, dans l'être qui s'effrite en devenir, dans la vibration de l'essence qui se pense et se dépense. Les questions : « Est-ce que le temps existe ? », ou comme : « Est-ce que Dieu existe ? », vise non pas un objet mais une dynamique de relations, réelles et psychiques, relations au divin c'est-à-dire aux états limites de l'humain ; relations à l'être et au temps. Reste à savoir s'il y a une dynamique temporelle en cours ; quand il y a trop de « symptômes » de part et d'autre, elle est comme en arrête, il y a du temps mais plus ou moins inerte.

La question n'est pas « comment l'existence vient à l'être » mais « comment l'être se déroule ou s'enroule en existence ». Et la physique nous dit que c'est à travers des phénomènes quantiques qui, au départ et par à-coups se mêlent aux effets de gravitation. Or cette même physique reconnaît que l'existence du monde, pour être perçue, nous implique, que cette implication la transforme ; l'existence est donc partagée dès lors que l'homme s'y implique. Il y aurait donc une connexion entre le temps, le mystère quantique et la question de l'existence, notamment celle de l'ensemble des nombres[3].

3. C'est aussi une idée de J. Wheeler. Voir *American Scientist*, n° 74, 1986.

21.

# Le temps se compte et se raconte

Quand on tient à s'encorder au fil du temps, et cela entrave la liberté de mouvement, c'est qu'on est un peu perdu, et qu'il nous faut *tenir la suite*, aligner une histoire. Il serait plus poétique non pas de se passer du fil puisqu'il émerge de toute façon, mais de *jouir des rapports* entre les quantités, des connexions entre les êtres, des chances de rencontre et de répercussions ; d'absorber la variabilité et d'être dans l'entre-deux mouvementé entre le variant et l'invariant. Mais certaines variations font événement donc aussi déroulement et durée.

Pour ce temps terrestre, aux durées approximatives[1], deux instants sont toujours comparables, l'un précède l'autre ou lui est identique ; d'où une chronologie et une simultanéité, toutes deux approximatives. Or on veut moins que cela, on veut juste qu'une histoire, c'est-à-dire une durée ponctuée d'événements, puisse se raconter dans une succession de traces. Elle prendra le temps de se raconter, même si son récit convoque d'autres durées, comme un film qui dure deux heures et qui draine plusieurs époques.

1. Puisque, suite à la relativité, nos synchronies sont inexactes du fait qu'on bouge.

À la fin d'une évolution, la vraie opération c'est de raconter, et le feuilletage de récits correspond au « fibré » que portent certaines durées. Le seul changement évident, c'est ce qui est donné à « lire », à l'humain *via* son corps et ses machines, ou à d'autres objets cosmiques. Une planète « lit » la courbure induite par une autre. Donner à lire, c'est raconter et cela compte plus que ce qui est raconté.

Dans le passage du temps, chaque temps fort d'une durée est entre l'effet d'un récit et la cause d'un autre ; ce temps d'arrêt, signifiant qu'un récit vient de se passer, devient la cause d'un autre récit ; c'est en fait le même récit coupé par un événement.

En outre et par essence, l'humain est un conteur d'histoires, un faiseur d'histoires qui alimente son besoin de les raconter. Ce besoin de récit dépasse l'envie de savoir ou de s'informer, c'est notre façon de fréquenter le temps comme jeu complexe sur les trois modes passé, présent et futur, façon aussi de régénérer le rapport au temps qui se dessèche en perdant son altérité. Même un raisonnement sophistiqué est une histoire, c'est-à-dire une combinatoire entre le passé où l'on ramasse des acquis et le présent qui rassemble pour faire le point et anticiper l'avenir, celui-ci étant vécu ou imaginé au présent. De sorte qu'on a affaire à trois présents qui s'articulent et, par leur accroche dans l'inconscient, permettent un mouvement de pensée axé sur un récit qui semble après coup linéaire.

L'humain est aussi un « compteur » d'histoires, il les chiffre, les accumule, les évalue, toujours en vue d'en extraire un autre temps *invécu* et peut-être illusoire ; pour laisser un peu parler le temps de l'inconscient.

Le passage du temps n'est au fond que l'effet d'un récit. Même un paysage se raconte, c'est ce qui l'inclut dans le temps.

Quant au grand récit cosmique (qui nous inclut), il relève d'une répétition qui le « sort » de tout cadre imposé d'avance, et le passage du temps, c'est cette « sortie » de tout cadre donné, impliquant que le récit continue.

Récit, écriture et lecture possible restructurent le temps ou le révèlent, après coup, structuré. La dynamique de l'écriture et de la lecture implique durée et interprétation. Elle produit un feuilletage infini d'histoires qui s'interprètent, avec des résonances entre les temps humains et ceux de la nature. Il faut bien que les deux s'articulent puisque l'humain fait partie de la nature ; cela implique au moins un lien entre le temps qu'il vit et celui que « vivent » les planètes[2].

On dit de notre époque qu'elle est celle de la « reproduction » technique (photo, cliché, copié-collé, plagiat, semblant, mimétisme, cinéma, effets de miroirs, prouesses procréatives). Marquons déjà que les reproductions répètent mais sans variabilité, le plus souvent : la photo d'un tableau le reproduit, mais tous les tirages de cette photo sont identiques. La répétition, elle, fait mieux que reproduire, elle fait de la place à la variabilité, aspect le plus intéressant, vu que c'est le non-répété dans ce qui se répète[3]. *La répétition elle-même produit de la variabilité*, elle apporte une différence, elle crée une altération. La répétition fait le miracle de produire à la fois le même et le différent, l'identique et l'entre-deux. La répétition est la première *impulsion intensive* du temps.

2. D'aucuns disent que sans la subjectivité il n'y a plus de temps et d'espace, est-ce une raison pour ramener ces deux notions à la subjectivité ? Sans cerveau il n'y aurait pas de pensée, mais la pensée n'est pas « dans » le cerveau.

3. La variabilité des espèces et des humains n'est pas assez perçue ni intégrée. Elle est intrinsèque à la reproduction, et dans celle des humains les jumeaux fascinent. La cure analytique aussi est riche de variabilité, cela relativise les « structures ».

La relativité elle-même témoigne d'une variabilité énorme : on synchronise les horloges et elles cessent d'être synchrones dès que ça bouge ; elles n'ont pas le même rythme de passage[4]. Cela ne veut pas dire que le temps « disparaît », au contraire, cela veut dire qu'il y a du temps (de la durée) puisqu'il y a du mouvement relatif, mais qu'il est pris autrement, que deux horloges ou deux personnes « prennent » leur temps différemment.

4. On l'a dit, la relativité restreinte est « individualiste » : à chacun sa façon de prendre le temps, ou de prendre des mesures sur le temps.

22.

# Temps et création

Dans la Genèse, la question du temps est posée dès le début et résolue par l'événement et le comptage, l'événement lumineux nommé *fiat lux*, apparition de la lumière dans l'alternance avec l'ombre, et le comptage des « jour un », « jour deux », etc., on compte jusqu'à sept. Alors le temps est lancé, il l'est par l'événement et la durée qui, on l'a vu, sont le noyau élémentaire de la « prise de temps ». L'événement qui se répète est le passage de la lumière diurne à son déclin et à la nuit puis au retour lumineux du jour d'après. L'alternance originelle ténèbres/lumière se décline en petites alternances jour/nuit/jour, événcments moins traumatiques que le jet lumineux initial, celui du Big Bang symbolique[1].

1. Dans la Bible, la première occurrence du temps est le jour, qui contient la traversée de la nuit : il commence le soir et finit le soir suivant. La première unité de temps est donc le jour ; puis c'est la semaine, qui culmine au septième jour, dit de repos, de temps vide, de temps d'être ; le texte dit : repos pour l'être (Shabbat l-YHVH). L'unité « jour » sera ensuite copieusement divisée. Remarquons que le comptage de la semaine où le septième jour est le samedi est adopté même par des cultures qui fixent autrement leur repos hebdomadaire, notamment vendredi ou dimanche pour les autres. En arabe, dimanche se dit « le un », lundi « le deux » ; en portugais, jeudi c'est le « cinquième jour ».

Ce temps complexe, on ne dit pas que c'est Dieu qui le donne, il est compris dans l'origine ébranlée, dans le nom du premier jour précisément : « Il y eut un soir et il y a eu un matin, premier jour. » Ce « il y eut » (*vayhi*) est anagramme de l'être ou du divin (*yhvh*), tout comme le *fiat lux* initial (soit la lumière : *yéhi-or*). Ce « il y eut » introduit sans le dire *l'existence d'une loi* dans la parole même qui la dit. Ici, *l'émergence du temps s'identifie avec celle de la parole qui dit la loi du rythme élémentaire.* Le passage du temps, lui, vient ensuite. On introduit le soir après avoir nommé le jour et la nuit.

On peut aller plus loin et voir dans la Genèse une création de temps, une mise en scène où le temps qui vient d'être « créé » se met en marche. Et c'est pour nous une leçon magistrale : il y avait du temps, mais un autre temps émerge dans le sillage d'une lumière neuve, et le ressort de cette émergence c'est la création. *La recherche de l'autre temps a pour moteur inépuisable la création.*

C'est le geste ultime de la prise de temps : quand on se sent hors temps, sous l'effet d'un choc, par grand désordre ou une grande monotonie, la façon ordinaire d'y revenir est de s'accrocher à un objet, puis de compter, c'est-à-dire de déclencher une durée, l'autre aspect du temps, l'événement, étant justement la rencontre de cet objet. Et lorsque nous sommes bien installés dans une durée voilà qu'un autre objet ou un appel nous en détache et nous accroche à lui pour commencer un nouveau compte, etc. Nous sommes souvent hors temps mais les ordres du social savent comment nous remettre dans les temps, comme on dit dans les clous. Quand toutes ces durées s'articulent sans heurt, on a juste la sensation d'avoir fait beaucoup de choses qui sont prises dans le même halo temporel, on n'a donc pas vécu une forte altérité du temps. Il se peut que la recherche de l'autre temps à son niveau banal soit simplement la quête d'autre chose à faire pour occuper le temps. Dire « j'ai du temps » peut signifier « j'ai de quoi compter autrement ». Mais c'est l'échelle des comptes et le mode de comptage qui diffèrent et qui donnent au temps sa qualité singulière. Par exemple, nous écoutons un discours qui dure, qui n'a pas beaucoup de relief, et soudain une idée apparaît dans notre tête à la place de celle qui manque. On ressent alors une bouffée de temps frais, d'un autre temps inattendu ; c'est que l'idée a fait événement, et si son impact ne dure pas, nous rentrons dans le temps du discours monotone, mais si l'impact dure un peu, alors on entre dans un autre comptage du temps, une autre façon de chiffrer et de déchiffrer. Et il se peut que l'idée, grâce à tout ce qu'elle évoque, fonctionne elle-même comme objet-temps. Il y a là clairement un effet créatif.

Ce qui nous est donné est de l'ordre de ce-qu'on-est ou de l'être dont nous sommes partie prenante. L'immense gisement de temps que nous offre la création et qui nous défie de le prendre est celui de l'infini des possibles.

23.

# Intermède pictural : le temps de l'œuvre, le moment Picasso

Le temps de l'œuvre est intrinsèque, en elle s'entrechoquent événement et durée, origine et devenir, conception et mise au monde. Le « sens » d'une œuvre serait son passage entre l'instant d'origine et la promesse d'une durée où l'instant initial se dissout et se dépense après s'être affirmé. Elle est un passage entre l'instant premier et la promesse d'un déploiement qui « comprend » l'origine. En même temps, l'œuvre réplique à l'origine, et y revient après un grand détour : un grand écart entre *perception* et *mémoire* d'une autre « densité » d'être, d'une autre réalité qui fait contrepoids à la nôtre.

Toute œuvre forte nous donne le temps de son achèvement et nous porte aussi vers un temps vide et ouvert qui la désaccomplit, un temps par lequel elle échappe à elle-même. C'est en quoi elle nous donne un bloc de temps disponible et un appel à rejouer l'inaccompli. L'œuvre forte « actuelle » détotalise la Création, elle la nourrit et y prend part. Elle nous donne son temps d'arrêt et d'ouverture par laquelle l'être fait trou dans le paraître. La Création, comme forme de l'origine, reflète le refus de l'achever, donc le refus d'achever l'identité. Le tout de l'œuvre donne sur le rien qui produit une marque de temps originel. On comprend que l'artiste « remonte » le temps et rencontre en chemin d'autres sources, d'autres objets porteurs de temps ; il remonte ses fantasmes et le cours de sa vie jusqu'à l'ancrage dans l'infini des possibles dont il nous transmet quelques bribes.

L'œuvre forte nous donne du temps nouveau lorsqu'en elle l'inaccompli rejoint l'originel.

Ce temps, un artiste comme Picasso l'illustre bien dans le passage de la variabilité au bloc de temps qu'il nous livre à chaque œuvre en nous défiant de savoir le prendre, ce temps d'une vision nouvelle. Picasso montre le temps à l'état pur dans ses toiles et ses dessins. Comment donc ? Il aurait dit un jour qu'« il faut usurper le pouvoir et remplacer la nature ». C'est ce qu'il a fait, il ne peint pas la réalité telle qu'il la voit, il EST la réalité qu'il peint et nous fait voir à chaque coup, chaque usurpation, chaque prise de pouvoir où il est la nature en plein rayonnement, une nature qui s'affaire et qui sait y faire, en pleine incandescence, le temps d'une œuvre. Il montre cette place, cet espace qu'il occupe et ce temps qu'il fait naître dans chaque œuvre, le temps qu'elle prend et qu'elle nous restitue si l'on veut bien y entrer, si on en est capable. Or il a fait plus de cinquante mille œuvres[1] dans sa vie et même si certaines sont apparentées et définissent des sous-classes ou des « périodes » (bleue, rose, cubiste, fauviste...), une *déferlante de variabilité* les parcourt et les

1. Certains experts parlent de soixante-cinq mille.

recouvre, même quand elles sont du même style. Une vague de ressourcements temporels, la variabilité étant la source la plus profonde du temps et son moteur le plus actif. Cela veut dire que Picasso a ébranlé son temps dans tous les sens et qu'il l'a mobilisé par tous les moyens qu'il a pu, pour nous le donner chaque fois dans la fraîcheur d'un commencement irrépétable.

Certes, on peut comprendre l'indignation résignée, le choc finalement amorti de ceux qui trouvent qu'il leur a vraiment trop déformé la réalité, que « trop c'est trop ». Or il n'a rien déformé, il a formé la *réalité-Picasso*, et à vous d'en faire quelque chose. Il a été, il a réalisé une sublime et increvable *morphogenèse picturale*, montrant ce qu'il EST, ce par quoi il était remonté, habité, obsédé, occupé, préoccupé, à savoir par lui-même et lui seul en état de dissension jubilatoire et de recollement improbable, de brisure et de recomposition, le tout avec une grâce, elle aussi non répétable, par définition. Et que peut faire de mieux un peintre sinon de montrer ce qu'il est, essentiellement, et dans tous ses états : une réalité venue d'ailleurs qui percute la nôtre, avec l'espoir et sans espoir de nous changer le regard sur elle, elle qui nous est encore plus étrangère, pour l'essentiel.

En disant : « On confronte tout ce qui existe à tout ce qui pourrait exister », Picasso montre qu'il est de plain-pied dans sa question d'être, dans l'essentiel, et l'essentiel pour un artiste c'est lui-même comme créateur. Il travaille bel et bien devant l'infini des possibles où il fait des choix percutants, des percussions d'être qui se répercutent dans toute son œuvre. Il dit aussi : « On ne copie pas la nature on ne la délimite pas davantage, on laisse les objets imaginés revêtir des apparences réelles. »

Quand un peintre maintient comme lui la variabilité à un niveau aussi intense, on peut dire qu'il reste branché sur le temps essentiel, dont Héraclite a dit que c'est un enfant qui joue. Voyez *Le Jeune Peintre*, une œuvre faite à 92 ans, qui dit la jeunesse permanente maintenue par la création, fraîcheur intacte couronnée de sagesse.

La réalité-Picasso rencontre parfois la nôtre sous des angles si aigus qu'ils valent interprétation, mais c'est déjà un premier pas de prendre cette réalité comme une nature ; Picasso c'est une nature qui vaut par elle-même, et qui est toujours double, sauvage et cultivée, grotesque et polie, déchaînée et apprivoisée. Ses grandes œuvres sont des instants qui durent et qui font durer l'instance créative.

24.

# Temps et variabilité

Le rapport entre la loi et le passage du temps apparaît lorsqu'en physique on décrit l'évolution d'un système classique à partir de « conditions initiales » ; celles-ci semblent être une donnée de l'origine, elles disent où on en est au temps zéro et ne sont qu'une manière de faire coupure dans la masse temporelle, permettant l'écriture d'une « loi » à partir de « lois » antérieures et de « passages » reconnus. Cette loi n'est que la possibilité de *passer*, à partir de données initiales (origine factice du système) vers une formule qui exprime l'évolution. Et le passage reflète les difficultés du système, présentes dans les conditions initiales ou dans la forme du champ de force. Au fond, cette loi exprime le temps du système et le désigne comme un objet-temps, c'est-à-dire *un couplage entre conditions initiales et formes de l'évolution*, entre la coupure initiale et la « suite ».

Psychiquement, pour un sujet, la loi du passage, qui dit comment il peut passer, n'est pas vraiment accessible, elle apparaît dans la manière dont il « écrit » le livre de sa vie et dont il bute sur des symptômes. Elle est aussi modulée ou infléchie par d'autres forces qui lui échappent, des forces de vie plus branchées sur l'infini que sur la conservation, et autant sur le hasard que sur le déterminé.

Cela dit, les lois qu'on formule en physique et qui « dépendent » du temps sont invariantes *si on translate le temps* ; elles sont vraies à tout autre instant ; de sorte que cette dépendance est assez singulière, elle a quelque chose d'une « indépendance[1] ».

Quant à la relativité, elle dit que la cohérence de l'espace par connexion de signaux « prend » du temps. C'est une manière de mettre espace et temps dans un rapport d'intimité. Cela devrait figurer dans notre intuition de l'espace-temps : les horloges ne sont plus les témoins extérieurs d'événements qu'elles ponctuent, elles-mêmes sont prises dans le mouvement mais continuent à témoigner de façon plus juste de l'unité de l'espace-temps ; unité aussi forte que celle de l'âme et du corps.

Ici, c'est l'ontologie qui prime : le temps est un ensemble de mouvements d'être sur des espaces qui, sans ces mouvements intrinsèques, n'auraient pas d'existence.

Le fait étrange que la vitesse de la lumière soit un absolu, indépendant de tout repère, veut dire que le signalement lumineux ne dépend pas des repères, même s'il réagit sur chacun en y changeant le cours du temps. La multiplicité infinie des temps propres mise en lumière par Einstein barre l'idée d'une grande horloge qui donnerait le temps partout, mais n'empêche pas de penser qu'il y a un temps, même s'il n'est pas commensurable, où se prélève la diversité des temps propres ; ce qu'on

1. Cette invariance équivaut à la conservation de l'énergie du système. Elle n'est pas évidente mais elle est bien établie. Et même au plan psychique : une personne déprimée ou surexcitée a sans doute la même énergie, elle est juste autrement répartie ou « gérée ».

mesure de ce temps, ce sont des prises locales, des prélèvements ponctuels.

Le temps de la relativité générale en dit plus avec l'idée de courbure, de zones plus ou moins gondolées de l'espace-temps en raison de la matière qui y est présente[2]. Mais il s'agit encore d'un temps non humain, même si l'humain peut se brancher dessus pour s'en servir, comme avec le GPS qui utilise la relativité pour nous guider en un sens terre à terre.

En physique quantique, où le temps ne semble pas bouleversé comme dans la relativité, le fait passionnant concerne son émergence. Rappelons d'abord que le phénomène quantique qu'on étudie, même s'il se passe sous nos yeux dans un laboratoire, autrement dit dans des appareils élaborés, c'est dans un espace de dimension infinie, dit de Hilbert, qu'on le repère et le calcule. On ne peut localiser le phénomène ni dans l'espace ni dans le temps usuel. Pour accéder à sa connaissance, on se place dans le Hilbert, espace mathématique abstrait seul capable de « coordonner » le système et ses états. Et ce n'est même pas cet espace qui constitue les observables, mais l'ensemble des opérateurs linéaires qui agissent sur lui et qui forment une algèbre (dite de von Neumann). Or il se trouve que même dans des cas où le temps n'apparaît pas, on peut le retrouver, le reconstruire à partir de cette algèbre d'opérateurs[3], et n'est autre que le temps ordinaire[4].

2. Ou de l'énergie, puisqu'elle est équivalente à la matière, à la masse multipliée par le carré de la vitesse de la lumière.

3. Sur tout cela voir l'Annexe mathématique.

4. Le lien entre le quantique et la relativité passe par l'étude (très actuelle) de la gravité quantique, c'est-à-dire du comportement de la matière quantique sous l'effet de la gravitation.

Les observables, qui sont les opérateurs linéaires du Hilbert, ont chacun ce qu'on appelle un spectre qui exprime les variations de l'opérateur par rapport à l'identité ; autant dire qu'il exprime l'essence de l'opérateur. Le miracle est qu'on puisse en dériver un temps qui s'accorde avec le nôtre.

Alain Connes a montré (voir Annexe) que dans une situation quantique donnée, on peut dégager du temps intrinsèque sous forme de trajets[5] ; et au vu de ce temps, l'ensemble des observables est évolutif, il « tourne » et retourne. De sorte qu'ici, le temps serait ce qui connecte les observables en un sens assez large. La situation quantique est telle qu'on peut en extraire un temps, et si on peut l'extraire c'est qu'en un sens il était là. Or faire une mesure, donc agir dans l'algèbre des observables, est un acte de conscience, et c'est là que le temps émerge, et que cette algèbre se révèle prise dans le temps.

En somme, les états locaux se révèlent reliés par le temps qui connecte leurs variabilités quantiques. Cela suggère que *le temps émerge dans le passage au conscient.* Nous verrons que cela se confirme dans la clinique, mais ici, c'est pour des raisons physiques intrinsèques[6].

En outre, l'univers des particules impose pour les coordonnées la non-commutativité, autrement dit, l'ordre de la lecture, donc le passage du temps ; il l'impose ou le reflète[7].

---

5. Définis par un groupe à un paramètre, le « temps », qui se révèle après coup être le temps de la droite.

6. L'idée forte de penser les observables comme des opérateurs (au départ c'étaient des matrices), jointe à de bonnes coïncidences mathématiques, fournit la géométrie adéquate d'où se déduit le temps. Exemple de telles « coïncidences » : le spectre de l'hydrogène (fourni par l'équation de Schrödinger) induit des solutions de carré intégrable donc formant un espace de Hilbert, et comme il n'y en a qu'un, c'est le bon.

7. Cette non-commutativité fait apparaître une variable réelle donc un temps, à partir non pas des « fonctions de variable réelle » mais des opérateurs avec leurs spectres.

On a déjà évoqué l'expérience des deux fentes où l'on envoie un flux de photons. On peut se contenter d'une plaque avec un trou sur laquelle on envoie des particules, et on reçoit l'impact sur une autre plaque. Le fait que le résultat soit impossible à répéter, à reproduire, puisqu'il varie d'une fois sur l'autre[8] nous fournit donc un « objet » quantique qui révèle une variabilité intrinsèque, indépendante du temps et de son passage : preuve qu'*il y a de la variation donc du « temps »* dans cet objet, non du fait de la variable $t$ ; au contraire, c'est la variable $t$ qui émerge de la géométrie dans l'ensemble des observables. Cette scène est donc un objet-temps.

Cette non-commutativité s'articule avec l'aléa du quantique, autrement dit avec sa variabilité. Selon A. Connes, *le passage du temps serait un effet de la variabilité*, où l'aléa quantique (voir l'expérience des électrons) ne peut être reproduit d'aucune façon.

8. C'est une conséquence de l'inégalité de Heisenberg, qui s'est transmise sous le nom de principe d'incertitude.

25.

# L'irrépétable

Allons plus loin ; en apparence, le temps se donne dans la répétition. Celle-ci apporte à la fois le même et le différent, donc elle apporte de la variation. Certains y ont vu le ressort du temps[1], parce qu'au-delà de répéter elle met comme telle un peu de variabilité, elle l'ajoute ou la révèle. Or il y a une variabilité au-delà de toute répétition : celle qu'apporte l'irrépétable, qui comporte une fantaisie presque absolue, analogue à celle du quantique dans l'expérience de la plaque fendue qui est, on l'a dit, strictement non reproductible. Se peut-il donc que le vrai moteur du temps, ce soit l'irrépétable ? En tout cas, de cet irrépétable, la variabilité quantique est la plus nette incarnation. *Le temps semble se donner dans la répétition mais la vraie donation du temps c'est le non répétable.* Cela n'est qu'en apparence paradoxal, et on en a une version plus banale : une œuvre d'art sublime se donne à nous au départ, lors de son apparition, dans ce qu'elle a d'unique et d'irrépétable, puis elle se donne à nous dans nos visites répétées et dans ses reproductions. Ce ne sont pas les mêmes dons de temps qu'elle nous fait.

1. Voir Gilles Deleuze, *Différence et répétition*, Éditions de Minuit.

Mais quelque chose vient tempérer cet absolu : c'est l'intrication quantique – le phénomène selon lequel quand on fait une observation sur une particule, la particule intriquée réagit immédiatement. De sorte que les aléas sont corrélés (et pas les temps), et qu'en un sens, *la fantaisie est modulée par le fantôme*, par l'autre qui réagit aussitôt. C'est qu'en fait, les deux éléments « intriqués », bien que très éloignés, forment une même entité.

Y a-t-il de l'intrication dans le domaine psychique ? Oui, par exemple, dans certains liens affectifs entre deux êtres, liens qu'on dit fusionnels et dont les cas limites seraient les « délires à deux » : certains couples mère-fille où le trait qui s'exprime chez l'une a *déjà* sa trace chez l'autre, preuve qu'il est déjà activé sans qu'il y ait d'information à faire « passer ». Ce phénomène renvoie à d'autres modes, parfois préverbaux de la communication, où le trait, déjà inscrit dès l'origine, n'a plus qu'à se dérouler entre les deux entités qui, en ce sens, n'en font qu'une.

Notre idée que le temps dérive des objets-temps trouve donc sa pleine application dans cet exemple profond que nous offre Alain Connes, où le temps dérive de la *variabilité* (et non l'inverse qui consiste à dire, classiquement, que « ça varie en fonction du temps »). Il se trouve que celle du quantique est indépassable, et son essence c'est le phénomène non répétable. (Dans le cas quantique, c'est encore plus remarquable : l'irrépétable s'impose dans sa propre répétition et l'imprévisible est souverain.)

Tout cela se retrouve dans le rapport entre le temps et les relations : une relation qui se supprime (ou s'établit) fait événement ; elle crée de l'instant, donc aussi des durées qui s'y rattachent. Par exemple le coup de foudre, ou la rupture amoureuse, la mort d'un père, les différentes périodes d'un deuil ou le couplage de ces deux temps : avant la mort du père et peu après. *La simple alternance de oui et non sur les relations est un moteur du temps.* Et la variabilité, qui crée très vite des relations et en supprime, est aussi motrice du temps. (Et nous verrons que les objets-temps rassemblent en eux un tel paquet de relations que le fait de les rencontrer implique le temps, qui émerge du rapport entre deux objets-temps, à savoir nous-mêmes et cet objet ou cette catégorie d'objets.)

En somme, la variabilité du monde, des êtres et du langage, variabilité dont celle du quantique est à la fois un symbole et une forme radicale, signifie que le temps n'est pas vraiment différence et répétition, comme dit Deleuze, il est la variabilité qui les sous-tend, il est porté par elle, il en émerge. Le temps n'est pas une variable mais une variabilité ; avant d'être une variable parmi d'autres, il émerge de la variabilité.

Ce raisonnement rejoint une vieille idée de J. Wheeler qui disait vouloir « soumettre le temps à la physique », donc le faire émerger des phénomènes physiques.

Dans le vécu, lorsqu'on empêche la parole sur un événement, par le déni ou le secret, on « perd » du temps sous sa forme la plus précieuse, on perd de la variabilité. *Le manque de parole sur l'événement qui compte et qui par là serait une bouffée de temps est une atteinte à la variabilité du monde* ; le temps qui aurait pu émerger de cet événement se retrouve alors bloqué dans le symptôme de ce manque.

Le temps du quantique nous intéresse lorsqu'il disparaît des équations et qu'on le fait réapparaître ; lorsque dans une situation il est absent et qu'on peut le faire émerger[2]. Ce rapport au temps est précieux et rejoint l'acte de le « prendre », de le dégager, de l'extraire d'une situation où il semble en retrait ; situation que nous connaissons dans la vie quand aucun événement ne se fait sentir parce qu'on n'en perçoit pas ou qu'on en dénie l'existence, de sorte que la situation semble stable ou gelée. C'est ce que nous disions du présent, quand les infimes événements qui s'y produisent et qui littéralement le font passer sont oubliés ou non perçus. C'est la variabilité du monde qu'on perd de vue. Plus on perd de variabilité, plus on perd de richesse du temps possible.

Le point de vue relativiste, qui semble assez loin de nos soucis puisqu'il exige sur le temps une précision bien au-delà de nos usages, suggère qu'au fond, puisque nos plus petits mouvements nous désynchronisent, *notre variabilité minimale – qui provient du fait que l'on bouge – empêche qu'on ait un temps commun.*

Et cela même peut suggérer l'existence d'un autre temps qui émerge de cette variabilité ou d'une autre plus profonde, prise dans le sens radical de l'impossible répétition comme dans le quantique. Car, au fond, si deux personnes sont ensemble et sont synchronisées, et si elles vaquent à leurs affaires et se retrouvent, désynchronisées donc, c'est que leur situation d'avant est carrément *irrépétable.* Sauf par l'artifice qui les remet à la même heure, ce qui crée une autre situation.

Le quantique n'a pas mis en question la notion de temps classique, puisque même quand il le perd de vue, il le retrouve. La secousse du temps venue de la relativité est donc plus violente, elle qui remplace le couplage de l'espace et du temps

2. Voir Carlo Rovelli, *Quantum Gravity.*

par un nouvel objet, l'espace-temps, avec des lignes d'univers qui entremêlent espace et temps, le tout régi par une certaine géométrie (celle des « variétés ») qui est simple quoique l'écriture en soit complexe, et qui fait dire à certains qu'on est dans un « univers-bloc », dans une géométrie figée, celle de l'espace-temps. En fait, on n'y est pas si « bloqués », notre « liberté » n'y est pas si compromise puisqu'on a des durées plus ou moins connectées par un peu de causalité, si faible soit-elle ; et que *l'espace-temps*, non pas permet la transmission (de lumière et de gravité), mais *est lui-même cette transmission.*

On est donc ramené à la *texture* de l'espace-temps, tout comme dans le quantique, où la texture de l'espace, c'est-à-dire sa géométrie, est essentielle. La relativité générale fait de la gravitation une propriété géométrique de l'espace-temps (représentée par le « tenseur de courbure »). Par exemple, le soleil, par sa présence, engendre une courbure qui se propage jusqu'à la terre, laquelle réagit, etc.

La physique est une recherche non pas du temps perdu mais de la texture de l'espace-temps dont nous faisons partie. Et ce qui en émerge comme notion de causalité peut s'écrire avec des flèches, structurant les relations entre événements ainsi que même l'ensemble des relations qui font « tenir » l'espace-temps. L'idée plane que ce serait cette physique relationnelle, à base de flèches entre événements, qui un jour conciliera quantique et relativité[3]. Ajoutons que, dans cet espace causal, la notion de catégorie avec des objets et des flèches semble s'imposer, et à travers elle, la notion de topos.

---

3. Voir Carlo Rovelli, *L'Ordre du temps*, Flammarion.

26.

# Temps et inconscient

Freud dit que l'inconscient ne connaît pas le temps. Pour lui c'est un constat : quand on découvre très tard des contenus infantiles qui étaient inconscients, on voit qu'ils n'ont pas changé. Ils sont insensibles au passage du temps, jusqu'à ce qu'on les découvre ; ils cessent alors d'être inconscients et le problème de les faire bouger, d'y infiltrer du temps ou de les y intégrer n'est pas simple ; leur inscription a comme perdu l'aptitude de se laisser entraîner dans une autre écriture, une autre histoire.

Pourquoi ces contenus se refusent-ils au passage du temps ?

Lorsque des traces de temps vont dans l'inconscient, elles sont insensibles au temps ; mais quand elles en sortent, elles rentrent dans le temps sans qu'on puisse préjuger de leur intégration. L'inconscient serait comme un repli du temps, contenant le potentiel des sauts du temps. C'est en cela qu'il ne *connaît* pas le temps : il n'en connaît pas la continuité. L'inconscient maintient le temps à l'origine, localement, l'origine où « c'est » arrivé et d'où ça ne repart pas. Mais un bon regard lecteur, qui délie et qui interprète, peut faire le lien et induire ou dégager des petites durées. Autrement dit, le processus de lecture de l'inconscient y introduit un peu de temps[1].

Inversement, quand des choses perçues échappent au temps, quand elles y sont insensibles, on dirait qu'elles sont inconscientes. En physique on peut avoir ce même genre de battement quand le temps disparaît des équations puis émerge et reparaît, se reconstruit, comme si le phénomène lui-même présentait des niveaux de conscience et d'inconscience.

L'amour aussi ne connaît pas le temps dès lors qu'il a des racines inconscientes, sinon, on voit bien que les amours s'usent ou se cassent sur le symptôme de l'un ou l'autre. Mais lorsqu'il a rejoint des traces inconscientes et s'est emmêlé avec elles, ses traces restent intactes et les sujets concernés s'en émerveillent quand après un demi-siècle ils se retrouvent avec le même sentiment, à peine marqué d'étrangeté. Quand l'amour n'est pas ainsi ancré, c'est du simple amour de soi posé sur l'autre pour être mieux renvoyé. Voilà déjà un placement affectif non négligeable. Mais quand l'amour a des racines inconscientes, qui en font ce que j'ai appelé un « amour inconscient[2] », il confirme que ce qui est inconscient échappe au temps.

Heraclite est en quelque sorte déjà freudien quand il dit que le temps est un enfant qui joue : c'est que l'enfant, largement inconscient, prend peu à peu conscience à mesure qu'il percute

1. Notons le lien, pour ces contenus inconscients, entre « ignorer le temps » et « ignorer la négation ». C'est que la présence d'un « non » y mettrait de l'ordre ; si on peut dire : « Non, A ne peut pas être avec B », on suggère qu'il vient avant ou après, et cela ferait « passer » le temps. Ajoutons qu'en état d'hypnose, les sujets perçoivent la durée qui se dilate ou se rétrécit, comme s'ils suppléaient différemment à la coupure qu'induit l'hypnose dans le temps ordinaire. Ajoutons que, pour Freud, le temps c'est l'autoperception de la psyché par elle-même ; ce n'est pas l'idée kantienne où le temps serait, avec l'espace, une donnée objective.

2. Titre d'un de mes livres chez Grasset (1982), le sous-titre étant *Au-delà du principe de séduction*.

l'événement, et cela lui ouvre des entrées dans le temps. Il en témoigne lorsqu'il raconte des histoires et qu'il en réclame. L'énorme besoin d'histoires qu'exprime l'enfant, entre celles qu'on lui lit, qu'il se raconte ou qu'il invente, témoigne de ces passages, de ces entrées-sorties du temps. Parfois il en est éjecté par un trauma ou par la chute dans de curieux états d'absence. La place qu'occupe l'enfant est surchargée de hasard ou d'indécidable, et l'infantile fait de belles trouées de temps au fond de chaque être parlant ; trouées sidérantes, destructives ou innovantes dans la réserve temporelle où vient jouer avec le temps le désir de chacun, en partie inconscient. Ce *désir de rejouer* est la réserve où nous puisons des contacts avec le temps, dans le trésor des impulsions.

Autrement dit, *quand de l'inconscient entre dans le monde ou dans le champ de la conscience, il y entre par le passage du temps* et, là où c'était, il n'y avait pas de temps, c'était dans le retrait du temps, dans l'inconscient.

Une histoire talmudique dit que dans la matrice le bébé a toute la connaissance des lois du monde et sait parler toutes les langues ; puis juste avant la naissance, un ange passe, fait une coupure à même la bouche et l'enfant perd sa connaissance inconsciente. Quand il sort du ventre il entre dans le temps, dans la parole et l'histoire, dans l'usure et le vieillissement. Le fœtus était dans l'inconscience, identifié au processus de mûrissement de chaque organe et de l'ensemble, après quoi commence l'épanouissement-dépérissement, avec une période d'entre-deux mouvementé où il mûrit et remanie son inconscient ; où au lieu d'en être un, il en a un.

Selon cette légende, le savoir que l'enfant puis l'adulte acquiert, il l'avait dans son inconscient. Mais l'acquérir ensuite lui prend du temps, un temps qui correspond au savoir inconscient qui était là. Un temps qui déroule le savoir, lequel est donc ainsi traité comme objet-temps ou comme instant complexe. La connaissance qu'il acquiert exprime le temps stocké dans l'inconscient, ou plutôt *le temps qui émerge dans le passage au conscient.* De ce point de vue, l'inconscient freudien est un objet-temps puisqu'on en tire du temps par passage au conscient[3].

Si du temps émerge dans le passage au conscient, était-il là avant ce passage, avant que ça passe ? Si c'était le cas, cela voudrait dire que le temps était dans l'inconscient, qui ne connaît pas le temps mais qui en serait la réserve. Plus généralement, si le temps émerge, était-il quelque part avant d'émerger ? Ou bien l'émergence elle-même est-elle l'effet d'un événement ? Ou d'un travail théorique qui le produit, comme c'est le cas des deux exemples mathématiques que je donnerai[4] ?

En somme, on « prend » le temps selon des cycles ou des segments ; on le prélève sur un mode linéaire ou cyclique dans une masse temporelle infinie ; mais l'inconscient, lui, semble un chaos de temporalités virtuelles ou actuelles, hétérogènes, irréductibles entre elles. Mais on peut en tirer du temps et des histoires par passage au conscient. Ce passage équivaut à ce qu'ailleurs j'appelle extraire du temps, notamment des objets-temps ou des instants qui en sont une forme contractée. De sorte que ce qui compte, c'est de reconnaître les objets-temps et d'y prélever les bons trajets ; de les prélever pour les vivre,

---

3. Est-ce que l'inconscient peut s'apparenter à une perception ou connaissance entièrement centrée sur elle-même ? De fait, c'est à mesure que la connaissance centrée sur soi s'élargit et perd de l'inconscience qu'elle entre dans la durée. De totale qu'elle était, elle devient de plus en plus partielle ; à la limite, microscopique.

4. À savoir le travail d'Alain Connes dans le quantique et le mien en théorie du potentiel. Voir Annexe.

les transmettre, leur donner lieu, les rendre vivables. L'enfant réel ou l'enfant qui affleure dans les visages âgés est une figure de cet inconscient ; dévisagée dans l'instant.

Prendre le temps c'est prendre part au jeu de vivre dans un fragment qui se déroule. La part est ouverte comme la partie qui reste à jouer et qui nous fait passer par une sorte d'origine souvent inconsciente ; comme un degré zéro du temps qui n'est pas dans le temps. Et c'est en revenant de l'inconscient, en rentrant dans l'atmosphère de la conscience qu'on prend le temps : dans l'acte d'en prendre conscience.

Ce n'est pas abstrait ; une femme me raconte qu'en accouchant de son deuxième enfant, elle a subi une grave hémorragie qui l'a plongée dans le coma. De ce moment, elle a retenu une image d'elle morte, dans l'eau ; une sensation d'être loin de son corps ; puis elle le réintègre et elle voit une personne se pencher sur elle et se demander si elle vivait ; puis elle entend un ami venir lui rendre visite, une visite qu'il avait annoncée la veille. Elle le voyait à l'entrée de l'hôpital, puis elle-même disparaît dans une lumière intense avec trois personnes qui marchent devant, elle les suit et à un moment l'une d'elles lui dit : « Si tu dépasses cette ligne, tu ne reviendras pas. » Elle répond : « Je ne veux pas revenir » ; et l'autre réplique : « Mais tu as maintenant deux enfants » (en comptant celui qui naissait). Et là, dit-elle, c'est la remontée à la surface, elle quitte la lumière totale et le hors-temps pour rentrer dans l'éclairage banal, « et le temps réapparaît ».

Cette vision raconte une lutte pour revenir à la vie[5] ; une rupture avec la lumière de mort ; une « décision » vitale et

5. Lutte ponctuée de notations connues, la lumière intense dont témoignent ceux qui reviennent d'un état de mort avancé, les trois messagers marquant la solennité du passage entre la vie et la mort.

un retour à la conscience qui fait émerger le temps, qui fait rentrer cette femme dans le temps, dans la sensation de durée et de présence au monde. Cet effet de seuil pour l'émergence du temps semble essentiel et se retrouve bien ailleurs.

Le temps s'évanouit dans l'inconscient, et le rêve ou le symptôme conditionnent son retour. Le passage du rêve au réveil nous ramène dans le temps, nous fait passer d'un monde hors temps à celui du temps courant, d'un monde où le soi domine dans son repli à un monde qui lui échappe de par son altérité.

Au fond, l'inconscient qui « ignore le temps » serait à penser comme potentiel d'instants paradoxaux qui déterminent des trajets du sujet mais après-coup. L'expérience montre que ce sont souvent des inscriptions inconscientes qui servent d'origine à ces trajets, elles en déterminent un aspect, l'autre aspect provenant de ce qu'il a pu rencontrer comme objet-temps. Et ces rencontres elles-mêmes, en tant qu'événements, jouent un rôle d'origine ou du moins y prétendent ; et dans une dynamique subjective il y a plusieurs origines.

27.

# Clinique du temps

L'intérêt de la clinique, de ce qu'on appelle la psychopathologie est de pointer des prises de temps singulières, des captures symptomatiques ; ces objets-temps essentiels que sont le fantasme, le transfert, la séance d'analyse et la cure elle-même sont des prises de temps à double sens : le sujet prend le temps et il est pris par lui.

Quand le thérapeute par sa présence active fait signifier des mots inertes, en les ramenant du côté de l'origine, là où du temps émerge, il sent bien qu'un temps figé s'est mû ou s'émeut, qu'un seuil de temps s'est libéré ; cela se fait souvent *via* des souvenirs précoces où se libère un passé trop retenu.

Il y a le temps signifiant qui articule les choses l'une après l'autre, et le temps hors signifiance qui ne cesse de la provoquer. L'exemple majeur est le trauma qui casse le temps ordinaire et impose l'« événement pur » difficile à intégrer (« ça demande du temps »...). Le trauma qui semble hors temps fonctionne comme nouvelle origine du temps, même locale ou ponctuelle : pendant que le temps des autres suit son cours, le traumatisé est aux prises avec une autre ligne de temps qui peine à démarrer. Il est pris entre le temps normal et ce temps arrêté ou rampant qui s'infiltre dans la vie par à-coups, et qui imprègne les autres temporalités. L'intégration du trauma mobilise de nouvelles fibres pour assurer quand même le passage du temps, la connexion de la trame temporelle. Nous sommes tous en proie à des tiraillements temporels, où de petits traumas veulent se poser comme origines, comme événements « premiers », souvent comme des points de fascination. Ceci nous met parfois dans un écheveau de filons temporels où l'on ne sait par quel bout prendre le temps. On y arrive néanmoins, mais le traumatisé, lui, est devant un temps imprenable.

La clinique sort parfois du temps normal parce qu'elle retrouve des conduites du passé, des gestes, des moments, des événements. Mais elle ne mène pas à confondre succession, changement et devenir. Elle laisse venir le temps ordinaire et il n'est pas le seul, d'autres effets de temps s'y ajoutent.

Je pense à un patient qui soudain ne trouva plus de temps pour son analyse : il était « pris » tous les jours, « objectivement », exhibant son planning à l'appui avec ce petit commentaire : « Je suis pris trois cent soixante-cinq jours par an, alors je ne vois pas comment trouver du temps, à moins d'une année bissextile. » Il s'était marié un 29 février et peut-être posait-il la question : « Bi-sexe-t-il ? », comme on dirait : « Plaît-il ? »… ou : « Peut-il y avoir du bi-sexe ? » Si oui, alors il y aura du temps pour l'analyste. Si je suis prêt à l'aimer, il y aurait du *bi-sexe* ou simplement du sexuel. J'étais censé l'assurer de l'amour du père *via* le transfert pour dégager la route du temps, clairement obstruée. Souvent l'absence du temps désigne la porte où frapper pour sentir sa présence en attente. Car *le temps se lève avec le refoulement.* Ici la porte du temps est le passage concernant son choix sexuel, rendu très incertain par le rapport au père, rapport qui, à l'occasion de cet incident et de la date introuvable, se transférait sur moi.

Le symptôme est une horloge coincée, une retenue du temps, un mot d'amour malheureux qui joue la répétition, une mise en attente à la place d'une mise en jeu. On pense aux montres molles de Dali ; les nôtres réagissent au temps comme des thermomètres à la fièvre, il faut en tenir compte mais la réaction d'un corps en proie au temps, les montres n'en disent rien.

Revoyons la femme qui avait 38 de température. L'événement s'inscrit comme un point chaud chronique, un point chaud du temps, mais duquel ? Elle raconte des histoires et je l'interromps : « Pourquoi ne portez-vous pas le nom de votre père » ? « La guerre allait venir... », alors je pense à 39 et je dis : « Vous n'avez pas 39 ? » « Non, mais à partir de 38 les juifs ne pouvaient plus... etc. » On ne peut pas dire qu'elle en est « restée » à 38 mais son « temps » s'est pris dans celui de sa mère, dans son désir indéchiffré, et cela bloquait sa question quant à son devenir-mère, ce pourquoi elle consultait : elle n'arrivait pas à avoir d'enfant.

Son 38° de fièvre était aussi l'image d'un fil de temps qui ne passait pas, qui s'arrêtait en elle, dans son corps. Comme une époque laissée hors temps ; il fallait l'annexer à son histoire et pour cela il fallait la déchiffrer. Ce cas donne bien l'idée d'un temps qui « bloque », l'idée aussi d'un bloc de temps qui s'offre à être déroulé.

Cette équivalence du symptôme et du temps se retrouve ailleurs, dans le rêve par exemple. Il y a dans la Bible[1] un rêve où le Pharaon voit sept vaches grasses qui paissent tranquillement

1. Genèse 41.

et sept vaches maigres qui surviennent et les dévorent. Joseph le lui interprète : ce sont sept années d'abondance qui viennent et seront suivies par sept années de famine. Un bel exemple d'objets-temps : les vaches sont porteuses d'un temps d'abondance *suivi* par un temps de famine ; la différence des objets (gras et maigre) s'interprète comme une succession, un passage du temps ; deux récits objectivés s'articulent dans ce rêve devenu annonce et promesse, soit deux « gestes » typiquement temporels.

Les dates aussi sont souvent des rappels automatiques, des origines fictives, des signaux criants, des basculements nostalgiques. Tel sujet déprime dès que le printemps approche, tel autre délire le jour où il atteint l'âge qu'avait son père quand il est mort. (Cette date marquait l'impossible partage de la place du père et barrait la route du temps commun.) Dans telle maladie, l'organe semble avoir échappé au temps vivant, ou être pris dans un temps arrêté.

La clinique concerne nos façons de prendre l'inconscient en termes temporels, sachant que c'est un relais du temps, un gisement fait de temps accumulé qui attend qu'on le prenne. Une bonne séance d'analyse est une prise de temps selon une boucle qui passe par l'inconscient et qui « repart » en mode ouvert. Parfois, elle revient au point de départ un cran au-dessus, avec une autre vue sur les empêchements évoqués.

Le symptôme avec sa répétition incarne le retour du temps et vise à le saturer de maintes façons.

L'hystérique, par exemple, veut ressaisir le tout du temps, et en un sens l'incarner, l'identifier avec son corps. Je pense à une femme qui était toujours en retard ; il est vite apparu qu'elle partait de chez elle à l'heure exacte du rendez-vous : la distance ne comptait pas ; mentalement, les rendez-vous étaient chez elle, tout près d'elle ; elle était l'espace à « couvrir » ainsi que le temps ; comme si l'espace de son corps devait être, à l'heure dite, en contact immédiat avec l'autre.

Le sujet doit se dégager de ce *tout-temps* pour en avoir un peu. Il arrive qu'une femme s'en prenne au passé de son homme parce que ce passé lui échappe : elle voudrait posséder l'homme et tout son temps, passé présent et avenir.

Certains sujets très narcissiques se conduisent innocemment comme s'ils avaient le savoir du tout qu'ils sont. Ils sont un présent aux limites imprécises, parfois absentes. Et quand on n'est que dans le présent, on croit tout saisir de la situation et l'impression que le temps passe s'atténue. Cela confirme poétiquement une idée quantique d'Alain Connes à savoir qu'on perçoit le passage du temps du fait qu'on ne sait pas tout sur l'espace des observables.

En un sens, le psychotique est « libre » de tout temps, ce qui l'empêche d'être dans le temps. Le pervers a une stratégie qui le met hors temps, et il veut disposer de moments bien séparés ; s'il le faut, il contrôle ses voies d'accès au temps par un système de fétiches. La gestion perverse du temps, qu'on rencontre souvent dans le champ technique, consiste à vouloir poser des temporalités étanches, à empêcher qu'elles communiquent[2]. Le névrosé vit mal l'entre-temps, entre l'origine et l'actuel, entre le passé inassumé et l'avenir hypothéqué il a la

2. Par exemple, un homme vient à l'hôpital, dans le service de procréation, et demande, avant de devenir femme, qu'on lui conserve son sperme. Tel « psy » trouve que cela fait question si cet homme féconde une femme et devient le père d'un enfant alors qu'il est lui-même une femme. Mais l'équipe, plus « technicienne », pose qu'il y a deux temps distincts et donc bien séparés, le temps du prélèvement et celui de la fécondation. Si chaque temps comporte des fibres, il ne faut pas qu'elles se touchent ; du coup, « il n'y a plus de problème ». Mais les fibres communiquent.

présence difficile. Chez l'obsessionnel, on le verra, l'escamotage du temps est plus précis.

Il y a tant d'autres pathologies qui ont leur indice temporel ; la déprime par exemple, où rien ne prime pour le sujet si ce n'est lui-même *déprimant*, c'est-à-dire récusant tout ce qui s'offre à être primé (investi ou simplement distingué) ; le temps y semble vide ou parfois liquéfié, avec des flaques qui se dessèchent. Le geste de prendre le temps ou de s'y laisser prendre est en panne. À l'opposé, le temps du maniaque vrombit d'instants éclatants qui ne « marquent » pas et s'éteignent vite après l'allumage.

On peut dire que la névrose est un problème de temps, car le sujet y est sous l'effet de traces mnésiques refoulées qui, une fois activées par une trace du présent, irradient sur tout le paysage mental leur tempo, souvent celui d'un événement infantile ou du fantasme qui s'y rattache. Le sujet vit alors le présent à la lumière d'un passé qui n'a pas bougé et cela crée, de dures confusions. On dit qu'il « répète » des choses du passé dont il n'est pas conscient, c'est vrai, mais c'est tout son état psychique qui s'infléchit sous la pression d'un temps inerte. Le but de l'analyse est de percer ces bulles de temps ancien pour les raccorder à l'histoire ; de débloquer le symptôme pour relancer un nouveau compte. Cela exige un travail sur les fibres du rêve, le rêve qui retient le temps et qui peut en redonner.

Quand c'est un blocage plus précis dans le rapport au père, ou à la mère pour la fille, c'est tout un passage de temps qui est bloqué : celui qu'inaugure le devenir père ou mère, comme si littéralement un mot de passe manquait pour changer de niveau temporel. Et le sujet peut se retrouver en attente prolongée, parfois des années, devant ce seuil qui ressemble à la porte de la loi. Comme s'il manquait la loi dans les données initiales en vue de la suite pour disposer de l'accès au temps quand il change radicalement, passant du temps de l'être-enfant à celui de l'être-parent.

Un autre type de limite entame le sujet dans son désir de complétude, c'est ce qu'on appelle la « castration », un vilain mot pour dire qu'entre le sujet et son objet il y a une coupure-lien qui lui barre la jouissance idéale et le fait passer par la loi symbolique. C'est cette coupure-lien qui, semble-t-il, peut lui ouvrir l'accès au temps indéfini, aux va-et-vient productifs entre le temps commun et celui de ses propres fibres.

Le manque de cette coupure-lien, souvent masqué par le cadrage impératif dans la vie professionnelle, se retrouve intact quand celle-ci prend fin : nombre de retraités, qui disposent de tout leur temps le voient se réduire en poussière, faute du cadre et de l'ordre qui leur tenaient lieu de loi. Ils n'arrivent pas à le « prendre », et courent toujours après le temps qu'ils ont perdu sans voir celui qui vient ou qui est encore là. Certains arrivent quand même à fabriquer de petits cadres qui les aident à prendre le temps comme avec des pincettes. Mais c'est un temps enserré par le cadre, et quand il y en a beaucoup, il a la sensation de gros instants disconnectés, ne donnant pas accès au temps.

C'est ce qu'on retrouve dans certaines pathologies, et que décrit l'écrivaine Olga Tokarczuk[3]. Dans son roman, elle parle d'une fillette Misia chez qui « chaque faculté faisait bande à part : la vue, l'ouïe, la compréhension, le sentiment, le pressentiment ». Son petit corps était au pouvoir de réflexes et d'instincts (traduisons, dans d'autres cas, d'activités programmées et autonomes), elle n'arrivait pas à mettre de l'ordre dans tout

3. Voir *Dieu, le temps, les hommes, et les anges.*

cela, son monde était comme désintégré. Et c'est le retour de son père disparu qui va, pour elle, unifier le monde. « Autrefois tout était flou, en fait, elle ne se souvenait pas d'elle-même avant cet événement, à croire qu'auparavant elle n'existait pas, elle ne se remémorait que des choses isolées. Elle essaya de revenir en arrière, de voir les choses à l'ancienne manière mais l'apparition de son père avait changé le monde pour toujours. » Pour elle, cette apparition avait fait émerger le temps[4].

4. Cela passe aussi par l'unité du corps, qui sinon est ressenti comme scindé, disloqué, voire désintégré. (Je l'évoque dans *Un cœur nouveau* pour un patient avec un ventricule gauche artificiel, il se sentait coupé en deux, et quand on lui transplante un « vrai cœur », il retrouve « l'impression d'ensemble ».)

28.

# Le temps de la cure

Lacan pratiquait des séances de psychanalyse à durée variable, souvent très courtes, où il « scandait » le discours du patient : il coupait le fil en un point qu'il trouvait signifiant, pour éviter, disait-il, l'installation dans l'ennui et l'évitement. Cela pouvait avoir de bons effets, dus au poids écrasant du transfert (subjectif et collectif) qu'il instaurait autour de lui[1].

L'idée de travailler la coupure d'une durée n'est pas mauvaise, encore faut-il que les deux puissent y faire face chacun à sa façon, et c'est tout le problème, que Lacan semblait non pas résoudre mais suspendre à sa personne, comme la plupart des gourous. En un sens, il y avait dans sa méthode une violence narcissique : il voyait vite dans le discours du patient un point singulier, et le fait que ça comptait pour lui

1. Quand ces mêmes scansions sont appliquées par d'autres moins doués ou dépourvus de ce transfert gigantesque, c'est médiocre ou fétichiste. De fait, Lacan traitait la séance et le patient comme un ballon trop passif ou inerte, il y tapait des coups de pied pour que ça bouge, il voulait mouvementer la présence de l'analyste, pour provoquer des résonances et dégager du temps. La recette, pas toujours réussie, crée surtout une dépendance à l'analyste devenu gourou. Aujourd'hui, la méthode s'est dissoute dans un langage de secte dont le public se méfie avec raison. Lacan a bien réussi à faire une secte, mais la psychanalyse s'en porte mal.

suffisait pour achever la séance. Or rien ne dit que le patient pouvait entrer dans ce compte-là et s'en servir utilement. Il fallait donc beaucoup de comptages analogues, donc beaucoup de telles séances et, à la fin, le patient travaille pour ou dans le compte de Lacan. L'idéal étant l'analyste ainsi formé, qui parle comme son maître ou qui ne peut penser qu'avec ses « signifiants ».

L'autre apport de Lacan sur le temps, cette fois théorique, est puisé dans une fiction. C'est l'histoire de trois prisonniers auxquels le chef de la prison montre cinq disques, trois blancs et deux noirs. Il colle un disque blanc au dos de chacun, il garde les deux noirs par-devers lui, et leur dit qu'il libérera celui d'entre eux qui déduit sa couleur par un pur raisonnement. Au bout d'un temps assez bref, les trois prisonniers se dirigent vers la porte en donnant la même solution, qui pour chacun met en œuvre un temps de voir, un temps pour comprendre et un moment de conclure. C'est ce que Lacan a appelé le « temps logique ». Voici le raisonnement de chacun : « Si j'étais noir, chacun des deux autres qui sont blancs aurait dit : “Si j'étais noir, l'autre serait sorti mais un temps s'est écoulé sans qu'il sorte, donc je suis blanc” ; or ni l'un ni l'autre ne sont sortis, donc je suis blanc. » Les trois temps que dégage ici Lacan ont leur rôle dans cette scène, mais pas spécialement dans la cure analytique, cette scène n'a rien à y voir, avec ses trois personnages qui se révèlent identifiables. Il n'y a pas moyen d'imposer ces trois temps comme repères dans la cure, malgré les efforts des fidèles[2]. Le « temps pour comprendre » existe là comme dans la vie.

2. Efforts de nature religieuse, où il faut à tout prix avérer la parole sacrée, faute de quoi elle déchoit.

Il peut durer des années. Quand il est bref, on l'éprouve, comme ailleurs, dans une illumination. Et dans ce petit scénario, le temps pour comprendre est assez vite suivi d'un acte, d'un mouvement vers la sortie. Or on sait qu'en analyse c'est là tout le problème : patient et analyste peuvent beaucoup comprendre sans que rien ne fasse acte et sans que ça bouge vraiment. Comment faire pour que le temps de comprendre soit suivi d'une vraie sortie, c'est tout l'art du thérapeute. En outre, tous ces moments comportent leur contraire. Il y a le temps du malentendu, le temps de l'embrouillement, bien plus fréquents que le temps pour comprendre. On voit plus souvent le temps-pour-ne-pas-conclure que l'inverse ; le temps pour s'aveugler ou se saouler la vue que le temps de voir[3].

Bref, il n'y a pas de temps logique, il y a des logiques du temps dont l'enjeu concerne la façon de le prendre ou d'en prendre la mesure. Il y a des logiques de temps hétérogènes qui s'articulent ou pas, des logiques du dégagement des durées bloquées et des événements impossibles[4].

---

3. C'est que le temps comme la pulsion va par couple ; d'où le temps d'« être vu » avec le temps de voir ; le temps de commencer avec le temps de conclure ; le temps pour être compris avec le temps pour comprendre. Ajoutons-y des contraires plus subtils comme dans la paranoïa telle que Freud l'analyse, où le contraire de « je l'aime » peut aussi être « il ne m'aime pas » ou « ce n'est pas lui que j'aime » ; ici cela donnerait par exemple, « ce n'est pas moi qui vois c'est lui », ou « ce n'est pas moi qui conclus », ou « c'est moi qui ne comprends pas ». Le tout est de savoir si on le fait par un jeu de signifiant ou si on attend autre chose.

4. On connaît les sentences parlant d'un temps pour aimer et d'un temps pour haïr, d'un temps pour bâtir et d'un temps pour détruire (voir le livre de L'Ecclésiaste), ce sont des vœux sur des pratiques qu'on valorise et qu'on aimerait délimiter, preuve qu'elles s'entremêlent et qu'on n'y arrive pas. Tout comme lorsqu'on parle de temps réel, imaginaire ou symbolique, on oublie que ces entités, si elles existent, s'enchevêtrent et se combinent (le réel de l'imaginaire qui lui-même se symbolise…) et qu'elles aussi qualifient des « prises » de temps.

Une patiente me dit que son désir d'enfant est « trop fort » et qu'il effraye sans doute les hommes ; je lui dis que c'est elle qui, jusqu'ici, était à une place d'enfant, notre travail antérieur l'avait montré, une place de fillette faisant couple avec le père. « Oui, mais je crois qu'avec tout notre travail j'en émerge », répond-elle. J'approuve et je me dis qu'elle entre dans un temps différent, celui du devenir femme ; je lui dis que son désir d'enfant peut cesser d'être effrayant puisqu'il devient un désir d'homme qui aurait un désir d'enfant avec elle. Changement possible d'époque et de place ; où est le temps logique ? On est toujours dans la bonne logique freudienne où l'analyste laisse déployer la trame signifiante, guette les points singuliers et voit comment son intervention peut prendre appui sur le transfert pour être utile. Quand analyste et patient comprennent une chose en même temps sous le signe du transfert qui les lie, cette chose semble venir d'un autre temps, plus retiré, plus inconscient, et son effet positif est d'ouvrir cet instant.

On l'a dit, une séance est bonne lorsqu'elle s'organise en une sorte de boucle ouverte qui laisse un point de fuite, une sortie ; et que ce fragment de spirale, devenant unité de temps, peut par la suite se penser et se dépenser.

La séance d'analyse est un objet-temps où l'on peut dégager des durées plus ou moins bloquées (*via* des récits, des rappels, des rêveries) et produire des événements, des secousses d'être. En principe on les produit par des interprétations, des constructions qu'on propose au patient à partir de ce qu'il dit et des signaux de son inconscient qu'on a captés. Cela revient à entrechoquer le temps actuel d'une parole autre, celle de l'analyste, avec le temps inerte du fantasme, du symptôme, ancrés dans l'inconscient.

La séance est donc un potentiel de temporalités multiples dont la plupart sont prises dans un temps qui nous échappe. Il s'agit de leur retrouver espace et temps pour que le patient se dégage de l'impossible où il se trouve. En pratique, la difficulté n'est pas de révéler un élément de l'inconscient, car cette révélation peut se faire sans que rien ne bouge ; mais de trouver les bonnes fibres qui donnent, la place et le temps pour que le déplacement soit possible.

29.

# La fin de l'analyse

De notre point de vue, la suite des séances elle-même peut être une spirale ouverte qui les rassemble toutes dans une sorte d'*infinition*, un ombilic analogue à celui du rêve mais cette fois positif, un point de suspension efficace. En principe, ce moment analytique doit irriguer le temps du sujet, même si ce qui s'y transmet est un instant paradoxal, à la fois vide et plein, que j'appelle une *passation d'être*. C'est pourquoi, dans le foisonnement d'exemples, je n'en prendrai qu'un ou deux qui semblent modestes. D'abord un patient à qui les séances apportaient chaque fois un éclairage nouveau, une mise au point de sa place, de son trajet, une mise en ordre toujours précise et pertinente outre le soutien qu'il y trouvait. Au bout d'un certain temps, une évidence s'est imposée : il pouvait arrêter et même il le devait. (Son départ fut simple, sur le pas de la porte : « Il n'y a pas de mots pour vous dire ma reconnaissance. ») On pourrait dire « meurtre du père », disons plutôt « récupération narcissique » : ce n'est pas facile, narcissiquement, de repartir chaque fois avec une trouvaille de plus et de se dire que cela pourrait continuer à l'infini. Il *devait* s'arrêter pour intégrer l'analyse dans son temps propre[1]. Dans un tout autre style, une patiente qui travaillait dans la gestion et le marketing m'a dit un jour : « Ces derniers temps, je sens que la valeur ajoutée tend à baisser, je devrais peut-être m'arrêter, en tout cas j'en aurais envie. » On avait fait un long chemin, le mieux que je pouvais lui donner était d'arrêter là ; elle fut très émue de voir son envie exaucée ; plus tard je l'ai aperçue dans un musée, elle est venue de loin me saluer avec une vive reconnaissance. Les fins d'analyse les plus parlantes sont celles où, d'une part, le lien mortifère qui bloque le temps se dénoue (on peut même dire que le symptôme se dissout), d'autre part, une texture de lieu d'être émerge, les parcours signifiants y sont plus libres, plus avertis, c'est à la fois miraculeux et simple : il y a lieu d'être et d'exister, et l'on peut voir au-delà des symptômes écrans. Curieusement, cela résonne avec un travail qui se fait aujourd'hui en physique quantique où l'on dégage une texture relationnelle qui tient lieu d'espace-temps.

Les deux obstacles que voyait Freud à la fin de la cure (l'envie du pénis côté femme et la castration côté homme) signifient que les sujets butent sur la loi symbolique comme limite, loi non réduite à l'interdit de l'inceste. Or ces deux obstacles, le sujet s'en arrange : la femme s'arrange pour « avoir » le pénis à des niveaux variables, l'ultime étant de prendre l'homme pour un pénis. Et l'homme s'arrange de la castration de façon ponctuelle, non radicale, et que serait un niveau radical ? En fait, ces deux obstacles, de grands textes comme la Bible ou Shakespeare les ont exploré et ont conclu, en gros, du même ton navré ou furieux : voilà, on leur a donné des lois pour

1. J'ai observé la même chose pour d'autres qui étaient déjà « psys » et que j'avais eu en contrôle.

se trouver bien et ils ne les appliquent pas, c'est pourquoi ils vont mal. Il y a là une *improbable causalité* : être dans la loi te fera du bien, ne pas y être te fera du mal ; cette sorte de loi seconde, souvent démentie par les faits, exige toujours plus de foi, plus qu'on ne peut lui en prêter, et c'est pourquoi beaucoup décrochent mais sont forcés de se ressaisir. Car l'humain a besoin de « compter » et ne peut le faire qu'à partir d'un point qui soit lui-même et qui soit étranger, et c'est le cas de son origine. Avec celle-ci restituée et avec l'acte de compter de façon multiple, il retrouve le geste simple de prendre le temps et d'y rentrer.

Freud déplore l'obstacle en ces termes un peu figés : « Nous nous consolons avec la certitude que nous avons procuré au patient toute incitation possible pour réviser et modifier sa position. » En somme, on fait de notre mieux pour les amener vers du *temps praticable* et on ne sait quel démon les attire vers l'impasse. Sans doute, mais la passation d'être et la reprise de temps restent possibles.

En analyse, on ne refait pas l'histoire du sujet, on la ramène dans le temps grâce à l'instant fécond de la bonne interprétation, qui met bout à bout deux temps hétérogènes. Ce « plus de lumière » ramène le sujet dans l'histoire et l'aide à pouvoir *prendre son temps d'être, le temps qui a lieu d'être* pour lui, plutôt que d'être complètement pris dans l'espace-temps des autres, aux lignes déjà tracées. Face à la dynamique temporelle, certains symptômes illustrent l'injonction valable pour tous : ça passe ou ça casse.

Le rapport au temps dans la cure est marqué par la façon de tailler un chemin dans une absence de possible, à travers le symptôme et le fantasme devant lesquels le sujet semble arrêté faisant parfois de cet arrêt le symptôme le plus dur.

L'importance du chemin c'est ce qu'il a pu rencontrer et qui a changé son rythme.

On voit donc revenir et s'imposer le geste de prendre le temps, d'aborder l'objet comme porteur de temps. Il porte aussi le rapport du sujet à l'autre, au désir et au monde.

30.

# Les objets-temps

Nous avons déjà parlé des objets-temps, et à vrai dire, les idées qui ont provoqué ce livre concourent toutes vers la notion d'objets-temps c'est-à-dire d'objets ou de situations dont on peut tirer du temps en raison des relations qui les maintiennent, les constituent, alors même que le temps n'y est pas au départ ou qu'il y a disparu. L'enfant qui jaillit montre l'émergence du temps neuf, et on ne se demande certes pas « comment il varie » en fonction du temps. Le symptôme, on peut en dégager des histoires qui aident à le reconstituer et souvent à le dénouer. Il en est de même du rêve. Dans certaines situations physiques où le temps n'apparaît pas, on peut l'en extraire et le faire émerger. Dans tous ces cas, c'est l'objet ou la situation qui induit le temps ou les lignes temporelles intrinsèques. Et il se peut que l'objet-temps le plus actif soit l'inconscient qui, justement, ne fait pas de place au temps mais par lequel se relancent nos lignes de vie temporelles.

J'appelle donc *objet-temps* une chose qui se révèle porteuse d'un temps qu'elle est prête à restituer si on se branche « bien » sur elle. Ces objets sont porteurs de durées potentielles qui restent à dérouler, qui déjà « contiennent » l'événement de leur apparition, et d'autres encore, plus ou moins connectés. Ils offrent de déployer dans la durée l'événement qu'ils incarnent, ponctuel ou diffus ; le temps qu'on en tire se détermine intrinsèquement et par le dialogue avec eux. Ce temps qu'on « prend » dans un objet-temps, ce n'est pas seulement sa mémoire, c'est le déroulement de nos relations avec lui et la mémoire de ce déroulement. L'exemple de l'enfant qui jaillit est clair, c'est déjà un événement par sa seule apparition, et très vite il en produit d'autres, il déterminera lui-même certains ordres du temps, de façon intrinsèque et en rapport avec les autres.

Exemples d'objets-temps : la terre, porteuse de temps et qui nous offre des temps à prendre, y compris celui de la physique, qui n'est que partiellement un temps humain. L'événement-choc, le trauma, le fantasme, le symptôme on l'a dit, surtout dans son aspect psychique. L'objet-temps singulier en psychanalyse, c'est le transfert, soit un rapport chargé d'affect où des blocs de passé sont projetés sur l'analyste, à charge pour lui de les ramener à une histoire et d'en tirer des durées et des événements reliés au présent de la relation.

La transmission symbolique aussi est un objet-temps ; celle que les parents assurent passe dans le vécu sur le *temps long*, qui convoque plusieurs générations, et comporte des aspects inconscients. Ses signifiants majeurs comme le nom, le père, la mère, sont portés dans nos cultures par un temps long qui grave des traces inconscientes. Un temps plus bref serait celui où par exemple un enfant né du sperme d'un donneur cherche plus tard à le connaître pour lui donner une place de « père géniteur » ; le symbolique autour de ce lien biologique qu'est le don de sperme relève alors d'un temps court et n'a pas l'intensité du lien vécu avec le père qui l'a élevé et reconnu, où se construisent des traces de temps long qui ont une charge inconsciente. On retrouve ici l'idée que l'inconscient est une réserve de temps, disons même un « gardien » du temps.

Le cœur aussi est un objet-temps, ainsi que d'autres organes habités par des cycles réguliers. L'intérêt du cœur c'est que les impulsions émotives sur fond de pulsation basique ont une valeur essentielle alors que ce sont des perturbations. Dans le temps des battements réguliers, les emballements affectifs ouvrent d'autres types de durée et de rythme. Quant au cerveau, c'est un objet-temps hors norme puisqu'il nous donne à la fois de quoi extraire des récits et des pensées *via* la mémoire, et de quoi vivre ces événements et ces durées dans leurs nuances les plus subtiles qui combinent les sensations et l'intellect ; de quoi donc assurer les passages entre la conscience du temps et son émergence réelle.

Telle situation quantique est un objet-temps, un objet porteur de temps[1]. On a vu qu'on peut en tirer du temps par un groupe à un paramètre. Ce groupe est « presque » unique et il mesure le temps[2].

L'ordinateur personnel est un objet-temps, ainsi que ses variantes (smartphones, tablettes, tout ce qui offre un écran mobile, ou comme on dit des interfaces). Outre ses performances allant jusqu'à l'intelligence artificielle[3], il constitue

1. Voir plus haut chapitre 24.
2. « Presque unique » veut dire qu'il l'est moyennant certains automorphismes de l'algèbre des observables. Et s'il mesure le temps, certains de ses sous-groupes permettent aussi de le mesurer, et de façon très souple, presque quelconque, fournie par n'importe quel sous-groupe de la droite, c'est-à-dire du temps usuel. Ce n'est pas sans rapport avec ce qui fait de cette situation un objet-temps, puisque, au fond, dès lors que c'est du temps, on peut le mesurer comme on veut ou presque (*via* les sous-groupes en question). C'est une conséquence de l'« unicité » du groupe démontrée par Alain Connes, et des invariants qu'il en déduit.
3. Laquelle prouve que tout ce que l'homme peut apprendre la machine peut l'apprendre plus vite, du moins dans le champ objectif : elle n'apprend pas à aimer, par exemple, il est vrai que l'homme non plus.

presque un *marché temporel* : on lui donne du temps et si on sait s'y prendre (si le temps qu'on lui donne est averti), il vous ouvre toutes sortes de temporalités, certes indexées par la variable *t*, mais avec des fibres d'une richesse inouïe. La qualité de l'échange dépend de celle du temps qu'on y met, mais la structure de l'objet-temps est toujours là : on marque un acte initial, une « origine », un premier accrochage, et on déroule des récits, des narrations abstraites ou concrètes ; on déclenche des « histoires » dont on n'a que le résultat. Par exemple des calculs qui nous prendraient des années et qu'il fait en une minute. Tout le monde s'accorde à dire que cet objet a bouleversé nos vies, mais, bien souvent, on semble avoir amorti le choc qui force chacun à y mettre du sien pour avoir l'objet qu'il veut, donc à comprendre que l'objet qu'il cherche dépend de l'approche qu'il en fait, et n'est pas défini en dehors de cette approche, ce qui est presque un point de vue quantique. Mais déjà le message global de cet objet est énorme : toute technique, c'est-à-dire tout dispositif de perception-mémoire est numérisable, donc réductible à une narration chiffrée avec telles conditions initiales ; autrement dit, toute technique fait partie d'un objet-temps.

Le monde, aussi, est un objet-temps : sa « création » biblique signifie qu'à partir d'un certain moment, d'une origine supposée, ça se met à compter ; et du point de vue de l'évolution, les ruptures et mutations qu'elle produit sont des moments de création, donc des productions d'objets-temps. (L'évolutionnisme est un créationnisme éclaté.)

L'instant est un objet-temps, même sous sa forme ponctuelle puisqu'il a une fibre où se loge une histoire ; *a fortiori* sous la forme plus complexe d'événement ou d'acte qui donne lieu d'être à un autre temps. Tous ces « objets » et bien d'autres sont porteurs d'un temps qui s'offre à être vécu, tracé, diversifié, *via* des lignes d'espace-temps ou des fibres plus ou moins foisonnantes. *L'objet-temps est une origine à déployer, à métamorphoser* : on ne peut pas vivre « dans » l'origine, même la « sienne » ; la moindre durée nous en coupe et rend possible de passer à la suite tout en la laissant revenir, de sorte que la coupure n'est ni sans suite ni sans précédent, elle articule le tout en suites d'idées sur les conditions initiales, par des fictions ou des calculs.

L'objet-temps offre une prise de temps parce qu'il est habité par un travail temporel avec ses accumulations ; mais les espaces déshabités n'en offrent pas.

En général, les objets-temps ont cette propriété particulière de penser qu'ils contiennent du temps, comme si cela pouvait nous forcer à le prendre et ce serait trop de travail. On se contente de l'idée que c'est possible ; même ceux dans lesquels nous sommes très impliqués. Car, ce qui nous occupe, c'est le temps usuel, avec ses prises de temps communes ; il occupe notre espace et nos pensées au point qu'on oublie les autres prises de temps, les autres prises du temps possibles[4].

4. En général, un programme vient capturer ces possibles et les remettre « dans les temps ». Même en vacances, où l'on a « tout son temps », on pense d'abord à pointer aux activités programmées. La lecture d'un livre suit le fil des lignes mais en oublie les fibres temporelles parfois foisonnantes où l'auteur décline sa vie et son rapport complexe au temps.

31.

# L'œuvre d'art est un objet-temps[1]

La photo, comme instant, est une réserve de temps dont la présence nous relie à l'absence qu'elle évoque. La beauté de l'image nous relie à du temps réservé qui se donne ou s'éclipse.

La photo fixe le temps mais nous le rend dans les récits que l'on tire d'elle. Elle vise l'événement et le cueille à sa pointe la plus aiguë, l'*instant*, le grain du temps prélevé dans un présent ouvert et dont elle fait un brin de mémoire en même temps qu'elle l'offre à une histoire. La photo fait de l'instant qu'elle crée un symbole du temps, elle ponctue la stabilité du présent qu'elle nous offre dans sa richesse. On dirait même que certaines scènes du monde, seule la photo avec son sens de l'instant peut les saisir et nous transmettre ce saisissement.

Ailleurs, au cinéma par exemple, il faudrait arrêter le flot d'images pour saisir celle qui en fait toute la force, et vingt-quatre images par seconde, vingt-quatre coups de vérité sur la tête par seconde, ça va trop vite, on perd l'instant, sauf dans

1. Voir là-dessus nos *Création* et dans *Fantasmes d'artistes* ; notamment sur l'art comme transmission de la faille.

un plan fixe. Notre société, saoulée d'images et qui de ce fait a l'imaginaire assez pauvre, ne sait pas saisir l'instant, mais elle espère le réapprendre *via* les images en « temps réel » portées par un sursaut de mémoire pendant les lents battements des mémoires asphyxiées[2].

La photo moderne qui foisonne dans les portables est à la fois un grain de temps et un bloc de langage numérique. Héraclite avait déjà senti les liens du nombre et du temps puisqu'il a dit que « le nombre c'est l'histoire ».

La musique, elle, s'adresse au corps-mémoire et remonte le temps par le rappel. Elle le remonte aussi comme on le fait pour les horloges ou comme après un abattement, ou comme lorsqu'on est soudain « très remonté » contre quelqu'un qui refuse d'entendre. Cela veut dire qu'*elle recharge les objets-temps*, les transferts, les potentiels du temps passé et du temps qui n'a pas encore passé alors qu'il est révolu et qu'il « attend » d'être vécu[3].

---

2. Google veut mettre à jour ses pages en temps réel, autrement dit : à l'instant où il reçoit l'information, elle devra apparaître dans le feuilletage du mot recherché par l'internaute. Disons un mot de cet énorme dispositif. Google est un espace fibré géant : chaque mot a pour fibre le tas de pages qui le déploient, les fibres sont connectées de manière chaotique, foisonnante mais avec des structures possibles offertes par les hyperliens. On cherche un mot et il nous donne un feuilletage, un revêtement, un ensemble de fibres portés par ce mot, à charge pour nous de les connecter à d'autres fibres donc de circuler, autrement dit d'écrire et de penser. Le passage d'une fibre à l'autre reflète et conditionne le rapport du sujet au temps, sa façon de prendre le temps, sa temporalité à l'œuvre. Sa façon de connecter des fibres, d'opérer des déplacements, condensation, sélections, interprétations. Google donne des couches de mémoire dite collective ou plutôt numérique au-dessus du mot, dans l'état actuel des choses, et l'internaute y « met » du temps, un temps qu'il peut perdre ou ressaisir. Si l'actuel état des choses s'exprime en temps réel, il n'y aura plus le temps de questionner l'intérêt de l'information, il suffit qu'elle soit la plus récente pour être mise en « avant ». Le temps risque alors de s'aligner sur celui des arrivages, qui n'est pas forcément le plus pertinent.

3. D'une manière générale, tout ce qui s'oppose au chaos, à l'entropie, au hasard total *relève le potentiel de temps*. On le voit aussi dans l'intrication quantique, où l'aléa

De même en architecture, un bâtiment ou un espace peut devenir un objet-temps pour des sujets ou des groupes, voire des nations. La beauté de certains lieux ou monuments, pas toujours sacrés, tient à ce qu'on les suppose avoir capté des blocs de temps et de mémoire au-delà des traces visibles qu'ils en donnent ; ils nous tirent et nous prolongent vers d'autres temps, alors que des constructions ensemblistes n'ont clairement pas d'autre temps que celui des « emplois du temps » ou du grand ennui que certains jeunes retraduisent quand ils « font des ennuis » aux autres.

On peut dire que tout objet d'art « remonte » le temps jusqu'à un point qui sera le départ, l'origine, c'est-à-dire jusqu'au temps de l'inconscient. Et tout artiste se fait porter par son symptôme ou par telle phase pathologique jusqu'à la faille essentielle où il est à pied d'œuvre. Là, c'est autre chose que son symptôme qui va « parler », dans cette frange créative. Mais cette parole n'est jamais purement « clinique » : l'artiste puise à la source d'où une part s'est prélevée pour être cyclée en symptôme, l'autre part étant là, disponible, attendant une création plus ouverte.

*Le temps de la création, c'est l'instant* (vaste comme une grande bulle) où émerge l'objet porteur d'un plus-de-temps ou d'un temps autre. Cela prend du temps de produire l'instant « magique » où l'œuvre manifeste sa présence comme possible et s'apprête à apparaître. Le temps créatif c'est moins la durée – cyclique ou linéaire – que l'événement pur : choc et réponse, trauma et réplique, de préférence non compulsive. Et, à son tour, l'œuvre devant nous rayonne le temps de la création.

---

en un point est connecté à celui d'un autre point ; cette *variabilité connectée* qui empêche le chaos est un ressort du temps. La question qui se pose alors est de savoir si la connexion diminue leur caractère aléatoire, ou si elle est elle-même aléatoire.

L'instant créatif est l'ouverture d'un autre temps qui évoque une origine, c'est pourquoi il n'est pas « dans » le temps ordinaire. C'est un instant initial, paradoxal, un temps zéro d'avant le temps où ça se met à compter, où ça ne demande qu'à se déployer.

L'œuvre a retenu, accumulé tout ce qui s'est passé en elle pour qu'elle se crée, et ce « temps », elle le projette vers l'avenir, donc vers nous. Elle prend appui sur « son passé » et sa présence naissante pour se projeter dans l'avenir – et déjà, tout simplement, pour en avoir un. Ce bloc de temps que « contient » l'œuvre est inconscient pour l'essentiel, on le voit bien quand l'œuvre est insensible au temps qui court, et relève d'un temps réservé qui attend qu'on le sollicite pour se donner ; au contraire de certaines œuvres qui ne « donnent » rien.

Avec ce temps qu'elle a retenu, l'œuvre crée le temps d'une apparition, comme celle d'un corps pulsionnel à l'instant de sa naissance, irisé de vie et de mort. Les grandes œuvres nous captivent comme fragments d'un temps épuré jusqu'à l'instant où elles nous apparaissent comme un *passage de la présence* et une contraction d'énergie. L'œuvre nous fait signe et elle est elle-même la réponse à ce signe ; elle est la clé et l'ouverture, l'appel et la réponse.

Dans sa « remontée » du temps, l'artiste trouve en chemin d'autres sources (des mémoires, des rappels, des appuis) qui l'irriguent. Il remonte ses fantasmes jusqu'à leur origine, et le cours de sa vie jusqu'à son ancrage dans l'être. L'œuvre nous regarde du haut de cette remontée et de ce montage.

Donc, *la création est une charge de temps et une décharge.* Parfois on la reçoit à bout portant : quand l'œuvre déclenche son propre temps, qui est à la fois celui d'un « meurtre » et d'une naissance.

32.

# L'autre temps n'est pas le temps apparent

Le grand physicien et philosophe Carlo Rovelli, travaillant sur la gravité quantique[1], a découvert que le temps disparaissait des équations décrivant la dynamique du système, et comme aucune variable ne s'« offrait » pour le remplacer, il a posé hardiment que c'est le système lui-même qui devait produire son temps, ce qui est une belle idée revenant à dire que c'est du système lui-même qu'il faut extraire le temps de façon intrinsèque (autrement dit que le système est un objet-temps). Il se trouve que le système était thermodynamique, ce qui semble une bonne coïncidence puisqu'on sait par ailleurs qu'il y a une flèche de temps définie par l'entropie ou la perte de chaleur, qu'elle tient au fait que nous sommes dans un bain thermique, et que cette flèche temporelle court depuis « toujours », au moins depuis le Big Bang. Même si, dans le vécu, on se réfère moins au bain thermique qu'à la lumière qui nous signale que midi précède le soir du même jour[2].

1. Et au départ, sur la thermodynamique statistique dans le cadre relativiste.
2. On ne sent pas tous ces vecteurs, on ne sent pas l'entropie augmenter, on ne regarde pas tout le temps la montre, on la charge de nous rappeler le temps, cela nous

Quant à la disparition du temps dans les équations, elle est due au fait que la manière habituelle de le calculer ne donne rien[3]. C'est ce qui fait dire parfois que le temps n'existe pas, alors même qu'on peut finir par le retrouver[4]. En tout cas, cette façon qu'a le temps de disparaître et de reparaître renforce l'idée de son caractère émergent : il n'est pas la donnée première, mais on peut le dégager ou l'extraire par certaines opérations, ou le retrouver sous d'autres formes.

Ce n'est pas parce que le temps disparaît des équations qu'il n'existe plus, puisqu'on peut le faire apparaître, mais l'idée qu'il n'y a plus de temps se formule parfois autrement : on n'a plus « besoin » du temps pour écrire les équations de la physique (certaines équations importantes en témoignent, comme celle de Wheeler-DeWitt ou ses variantes ultérieures). On devrait plutôt dire : il y a des équations essentielles de la physique qui s'écrivent hors du temps. Ce seraient des sortes d'équations « orgastiques » car l'orgasme aussi nous met hors du temps, il nous en sort, le temps que l'« équation » s'écrive, dans la copulation humaine (et pourquoi pas cosmique ?). Ces équations importantes qui ne comportent pas le temps, correspondent peut-être aussi à ce qui, dans le psychique, relève de l'intemporel c'est-à-dire de l'inconscient. L'équation de Wheeler-De Witt serait un voile levé sur l'intemporel du quantique.

---

permet de l'oublier ; mais on fait des gestes qui abaissent l'entropie localement, on remet de l'ordre.

3. Plus précisément, le hamiltonien H, grâce auquel normalement on obtient le temps par la fonction $e^{itH}$, se retrouve parmi les contraintes du système et disparaît dans les calculs (on dit qu'il « s'évanouit faiblement »).

4. En choisissant bien la variable ; on peut même relier celle-ci à la durée définie par le champ thermodynamique, c'est-à-dire, en dernier ressort, par le bain thermique où nous sommes grâce au Big Bang, « commencement » supposé du monde.

Il s'ensuit une autre idée intéressante : pour connaître les choses de la réalité (disons physique pour commencer), il n'est pas nécessaire de les ramener à leur façon de varier en fonction du temps, ce qui était notre réflexe habituel : voir les choses « réagir » à ce qui serait un référent universel parfois introuvable. L'idée est qu'on les connaîtrait mieux en étudiant les relations qu'elles ont entre elles, en comprenant que *chacune est avant tout l'« ensemble » des relations qu'elle entretient avec les autres*. N'est-ce pas d'ailleurs le cas pour les personnes ? Dans un groupe, une famille, un couple, on ne se demande pas comment chacun « varie » ou évolue en fonction du temps, on cherche à comprendre les relations que chacun tisse avec ses proches ou avec d'autres ; on distingue des invariants dans cette trame relationnelle, ce qui n'exclut pas d'avoir des dates et des temps forts dans sa vie ou dans celle de la trame. (Les relations étaient telles « jusqu'au jour où » ; où le petit frère est mort, où le père est parti, où ils ont dû émigrer, etc.) Mais c'est la trame interactive qui reste l'objet intéressant, et c'est du reste un objet-temps, porteur de récits partiels qu'il faut savoir recueillir, comme des fragments de temps à prendre.

Ce sont les prises de temps qui comptent, le temps, lui, serait une doublure de notre espace dont la structure nous est encore inconnue ; ou une émanation de l'être comme infini des possibles. Les deux approches sont sans doute équivalentes[5].

Entre les humains aussi, la prise de temps s'active et peut tourner à la prise d'armes ou « prise de bec », où l'un prend tout ou partie du temps de l'autre qui est vidé de son temps possible, éjecté même de tout possible. L'exploitation extrême

5. Il faudrait pouvoir dire que le temps est une doublure spectrale de l'espace, ou mieux un revêtement spectral de l'espace ; mais cela nous mènerait trop loin.

de l'autre pris comme gisement de temps reste le geste majeur dans toutes les cultures, et fait rêver les humains d'un autre temps, d'une fin des temps, d'au moins une fin de ces temps-ci.

On l'a dit, le passé dépasse toute mémoire, comme le présent dépasse toute perception et l'avenir toute prévision, mais c'est bien par la mémoire, la perception, la prévision que nous abordons le temps, notamment les objets-temps plus ou moins riches en événements et en durées. Ce sont d'ailleurs ces objets-temps, notamment les œuvres d'art et les grands textes, quand nous leur faisons face, qui recentrent pour nous le temps ; localement et provisoirement, car s'ils produisent une durée, elle est relayée par une autre ; et si c'est un événement, il est éclipsé par un autre.

Il y a bien d'autres équations où le temps n'intervient pas, et qui connectent les paramètres en jeu dans la situation. De sorte que le constat libérateur est[6] : on n'a pas besoin de temps pour faire de la physique ! ; doublé par celui des relativistes : après Einstein le temps n'existe plus, révèle surtout que le temps dont on parle d'ordinaire n'est pas intrinsèque, qu'on peut d'ailleurs prendre l'un des paramètres, *a priori* non temporel, et lui faire jouer le rôle du temps, que ce qui compte, ce n'est pas le temps comme existence autonome mais le temps qu'on peut faire émerger d'une situation.

C'est d'ailleurs l'idée de ce livre : ce qu'on appelle ici l'autre temps, c'est le temps qu'on peut faire émerger. Côté littérature, Proust a fait émerger son « temps perdu » en deux mille feuilles délectables. Côté clinique, une situation est vivante si elle fait émerger du temps dans la conjonction de l'actuel avec le passé infantile ; auquel cas on dit classiquement qu'on « fait entrer le sujet dans son histoire ».

6. Voir par exemple *L'Ordre du temps* de Rovelli, *op. cit.*

D'aucuns, comme Alain Connes ou Rovelli, rêvent d'une physique où l'on ne cherche pas « comment ça varie en fonction du temps » mais où, dans la connexion de tous les paramètres en jeu, on peut faire émerger du temps à partir de la variabilité interne à la situation, rejoignant ainsi la « vraie source du temps ». On se déconnecte provisoirement de la tyrannie de la droite pour se demander quelle est la temporalité intrinsèque en jeu dans une situation. Ce qui compte alors, ce n'est pas tant la succession que les relations et connexions d'où le temps peut émerger.

Les situations elles-mêmes sont des clichés d'une variabilité sous-jacente, non accessible directement et, s'il faut les étudier, c'est aussi pour accéder à cette variabilité, à ce réacteur nucléaire de la temporalité, dont le prototype est l'expérience fondatrice de l'irrépétable.

L'émergence du temps ne ramène pas au point de vue classique mais à un questionnement nouveau sur le temps intrinsèque des phénomènes plutôt que sur la mesure des phénomènes en fonction du temps. Le point de vue intrinsèque dit qu'il y a une variabilité fondamentale qui permet de dégager des formes temporelles, mais cela laisse toute leur place aux réflexions philosophiques qui analysent le plus souvent la droite et sa topologie.

Car le temps dont elles parlent, qu'il soit vécu ou « objectif », ne peut pas être séparé de la notation $t$ qui mesure les différences de durée, ou la durée entre $t$ et $t_0$, différence entre maintenant et une origine. Cet intervalle $(t_0, t)$ est implanté dans notre temporalité, celle que nous vivons non pas en fixant chaque instant (c'est impossible) mais en indexant par ces instants $t$ les fibres $F_t$ qui défilent et s'enchevêtrent. Dans la physique aussi, les instants $t$ ne sont pas tout seuls, ils sont pris dans des fibrations, des espaces qui les déploient et à travers lesquels passe la ligne d'un autre temps, plus construit. Au fond, il y a le temps donné et le temps construit au prix d'un travail complexe qui permet de dégager une autre ligne, laquelle peut après coup se mesurer au temps donné.

33.

# Intermède sur le vieillissement

Le vieillissement pose la question du temps à vivre : le sujet est pris entre des signes d'usure physique et des signes venant des autres lui signifiant qu'il est usé, qu'il doit se retirer de son travail alors qu'il est en pleine forme et qu'il peut y apporter son expérience accumulée ; ou au contraire, on lui dit qu'il doit y rester alors qu'il en a assez de cette longue répétition de quarante ans qui n'apporte plus de surprises, coupée qu'elle est de toute variabilité. Cet entre-deux devrait avoir une dynamique. Par exemple, le sujet combattrait les signes physiques par un surcroît de présence et de nouveaux investissements, de sorte qu'en retour, le physique, ainsi averti qu'il n'est plus dans la déchéance, reviendrait en force et donnerait plus de vigueur au mental qui, à son tour, etc. Mais, bien souvent, le sujet vit cette période dans le clivage où, d'un côté il subit la perte de force et de l'autre il reçoit de plein fouet le regard qui le déclasse et qui renforce le sien déjà très dévalorisant. Il peut aussi réagir par le déni et ainsi accumuler des signes factices de jeunesse, *via* la chirurgie esthétique, la pléthore des soins corporels, joints à ceux de la médecine qui dialogue ferme avec la fatigue des organes.

Notre approche du temps éclaire la chose autrement : certes, le sujet n'a plus de prise sur le temps, si par prise on entend la rencontre d'un objet-temps digne d'être investi, auquel il peut s'accrocher pour ouvrir un nouveau compte en attendant qu'un événement fasse apparaître un autre objet, qui fournira une autre accroche et donc un nouveau compte, de sorte que le sujet, ayant assez de choses qui « comptent », assez de narratifs, de durées en cours et d'événements marquants, en vienne à vivre un temps pluriel, un temps qui devient autre ou qui promet d'autres bonnes altérations. Le sujet âgé n'a en fait que peu de temps, non parce que « la mort s'impatiente » (c'est une mauvaise idée que de la personnifier), mais parce qu'il n'a plus ses prises de temps habituelles et n'a pas pu les remplacer. Parfois il n'en a plus du tout et se réduit au temps circadien entrecoupé par les repas et par les soins. Ce ne sont pas des moments où il prend du temps mais où il est pris par le temps et, entre ces durées monocordes, les repas ou les visites sont des non-événements.

Toutes sortes d'expériences ont été faites pour pallier cette carence et remettre ces personnes en contact avec le temps. Une des plus intéressantes est de mettre en contact des retraités et des enfants ; ils sont un événement les uns pour les autres et ont des choses à se dire et à faire ensemble. Mais le but ici n'est pas de tracer un programme, c'est de voir l'usage possible des objets-temps, s'il est vrai que prendre du temps c'est trouver de tels objets grâce auxquels on marque un point d'origine et on démarre le déroulement d'une durée, dans l'attente et la quête d'autres événements. Le sujet âgé est assez vite dans la *déprise*, privé de prises de temps qui pourraient être fécondes, il lui faut un sursaut de présence pour trouver la reprise de temps – soit une petite source de durée vive.

Ce sursaut est souvent plus qu'empêché par le regard les autres dont le temps est régi par la droite pure sans la moindre fibration. J'en ai sous les yeux l'exemple extrême d'un ami musicien qui, à 97 ans, a toute sa tête, son mordant, son ironie, et quelques trous de mémoire comme c'est normal d'en avoir à cet âge, mais ses proches l'ont mis « sous curatelle renforcée », craignant sans doute que par l'un de ces trous de mémoire il ne fasse don de sa fortune à « n'importe qui ». Il semble que cette mise sous curatelle l'ait traumatisé au point qu'en trois semaines, il est devenu un homme digne d'être mis sous curatelle. Sans doute devait-il si souvent oublier cette « contrainte folle » que cet oubli, concernant son identité, a touché bien d'autres choses ; d'autant que la juge, n'ayant entendu que les proches, l'a privé d'un magnifique objet-temps : une jeune admiratrice qui le visitait chaque jour, lui prodiguant une présence marquante, soulignée par sa tendresse. Le résultat est qu'il n'a plus de prise de temps et qu'il hurle à la solitude dans ses appels saccadés, alors même qu'il y a toujours une présence mais une présence qui ne compte pas. En outre, son avocate, désignée par la curatrice et qu'il ne reconnaît pas, conseille aux amis de se tenir à l'écart s'ils ne veulent pas encourir des poursuites « s'il manque de l'argent ». On a donc cette scène étrange où un vieux, soigneusement entouré de vide affectif, reçoit en guise de prise de temps (rendue impossible), une prise en charge impeccable et fonctionnelle pendant qu'il crie son mépris pour ceux qui ont fait ce montage, à ses frais, souligne-t-il, et qui attendent que ça se passe pour qu'à la place de sa présence apparaisse l'héritage. Sa vie est donc structurée par le fait que les autres attendent sa mort, seul événement envisageable ; son monde ne lui laisse d'autre temps que l'écart sans relief qui le sépare de la fin, il est lui-même le seul objet-temps auquel il peut s'accrocher, ce qui ne laisse aucun jeu ; il est mis dans un temps impossible.

Certains vieux sont dans le temps impossible d'une autre manière, par exemple quand ils sont pris dans un trauma dont ils ne peuvent rien dire. C'est presque le cas de mon ami mais lui peut encore en parler pour le rejeter, le dénier, le qualifier de folie. Ces personnes donc, semblent avoir l'objet : c'est l'événement traumatique, mais elles n'ont pas de quoi dérouler une durée ; elles sont dans une capture de temps plutôt qu'avec un objet-temps. Cela se traduit par un état d'absence, tout le contraire de la présence qui peut relancer le rapport au temps. D'autres personnes ont accès à des durées désancrées, comme si l'objet se réduisait à des bouts de fil narratifs mais sans attache avec une origine marquante, un événement qu'ils pourraient présentifier ; et cela se traduit par un certain radotage.

Revenons aux cas plus normaux, où par exemple ce qu'on appelle la retraite laisse un écart plus libre entre le présent et la fin.

La retraite, bonne et prometteuse en tant qu'elle coupe avec un temps répétitif, peut devenir accablante si le sujet ne trouve pas d'autres objets-temps avec lesquels il peut ouvrir un compte nouveau. Beaucoup, pour fuir cette nouveauté, se jettent sur des « activités », remplissent à bloc leur grille de temps pour qu'il soit dit qu'ils « font des choses » et qu'il n'y ait pas à se demander s'ils font les choses qu'ils aiment, s'ils sont portés par l'objet-événement dont ils peuvent extraire du temps et sans doute d'autres événements. S'ils sont dans une texture vivante ou un rangement sans histoire. Entre leur déprise d'avec un temps exténué et leur prise sur un temps autre, il y a l'épreuve d'une liberté. Ce qui compte et qui permet de « compter » est que ce soit désiré, et le désir ne s'en va qu'avec la vie, il change de forme et d'objet, mais c'est lui qui décide, et mieux vaut que ce soit consciemment. De sorte que certains retraités qui se sentent devenus inutiles (« personne n'a besoin de moi... ») sont en fait sous l'emprise d'une morale décalée et pourraient se demander de qui ils ont besoin, eux ; et quel objet leur donnerait accès au temps qu'ils n'ont plus, à l'autre temps plutôt qu'à une reprise du temps d'avant.

Les progrès de la médecine auxquels il doit d'être en vie, l'homme « d'un certain âge » les oublie avec raison ; les effets de la maîtrise technique qui le « prolonge », il les a déjà intégrés puisqu'il est là, et le sentiment de la maîtrise n'est pas arrivé jusqu'à lui ; car ce qui « compte » ou peut compter, c'est qu'il dispose d'une présence et d'une force potentielle en contact avec son désir, qui est toujours un désir de l'autre temps. La ligne de temps qui lui reste, il peut la vivre à travers des objets porteurs d'un *désir de temps* sous forme de durée ou d'événement, donc porteurs d'histoire. C'est moins la vieillesse qui nous chasse de nous-mêmes que l'impuissance à trouver des sources temporelles conformes à nos désirs, ou c'est l'oubli de chercher de tels objets. L'homme sculpte et cisèle au chalumeau de l'oubli la masse durcie ou flottante des « données » qui déferlent du dehors ou remontent du dedans, rappelées par l'événement. Il remodèle ces données en rejetant vers l'oubli tout ce qui pour lui ne compte pas « en ce moment » ; tout ce qu'il n'arrive pas à faire compter.

Pour le sujet âgé, fuir cette impuissance ou ne pas renoncer implique de braver sereinement le regard de ceux qui veulent le confiner dans un temps monocorde et bien géré où ne comptent que ses besoins élémentaires. Du reste, la loi du marché et de la rentabilité multiplie les créneaux juteux des

« prises en charge » vers lesquels on le pousse, délicatement ou fermement.

La vieillesse n'est pas un rendez-vous urgent avec la mort, et l'écart entre le présent et la fin a beau être « petit » (mais à quelle échelle ?), il laisse ouverte la quête aveugle ou lucide d'objets-temps désirables qui ressourcent le sujet. Recherche modulée par ses rapports au temps dans sa vie antérieure. Et le « dernier moment » n'est pas antérieur à la vie qu'il conclut, il est cette conclusion elle-même. La mort signifie non pas que le temps nous chasse de la vie ou que la durée qui nous revient est terminée, mais que nous n'avons plus d'objet-temps sous la main ni en nous, et dans ce cas, on n'a rien de spécial à vivre, on est mort. Il y a parfois un écart, petit ou grand, entre ce rien à vivre et la mort réelle ; il arrive même que de solides maladies se chargent de l'animer ; et si aucune ne se présente, c'est la déprime et l'abattement, toujours faute d'objet-temps.

Le souci des sujets n'est pas tant de savoir s'il y a une vie après la mort, mais s'il y en a encore avant, et de quelle sorte elle peut bien être. S'ils la remplissent de prières, de lectures ou de voyages, ce ne sont que des objets-temps parmi d'autres, ce qui compte, c'est leur recherche. Les progrès de la technique, notamment médicale, donnent sans cesse au sujet une bouffée de temps neutre, un intervalle linéaire qui, une fois reconnu comme offre de vie, appelle à cette recherche : quelle fibration, quel feuilletage, quel objet-temps peut se découvrir dans l'intervalle, qui permette de le « vivre » ?

## *Le partage d'un instant*

Nous l'avons assez dit, le temps, comme enfant qui joue, sollicite le hasard, l'événement, la rencontre qui « produira » aussi du temps quand c'est marquant. Cet enfant déplace des fragments de son être, de son corps qui poursuit sa genèse alors qu'il est pris dans le « corps » de l'autre, dans l'espace des autres dont il se dégage aussi.

Ainsi le temps est une naissance permanente et renouvelée, il joue avec des limites, des objets-frontières pris comme lieux de rencontre. Si le jeu que joue l'enfant c'est lui-même, l'enfant-temps, tout ce que nous mettons au monde est en proie au temps, un temps qui va « prendre » ou pas dans l'objet-temps que l'on produit. Les vieux, eux, retirés ou en retrait, ne « produisent » plus, n'enfantent plus, mais l'enfant qui les habite est toujours là, même réduit à l'impuissance. C'est un enfant *qui ne joue plus*, ses moyens de jouer se raréfient. Sans doute parce que le cerveau traduit le fait que ça ne joue plus, que ça ne trouve plus le contact avec le jeu du temps, avec les moyens de jouer le jeu de la vie.

L'enfant symbolise un potentiel de naissances, de mises au monde, de remises en jeu ; il se présente à nouveau à la surface du vieux visage qui a vécu, car le désir de *remise en jeu* est increvable ; la remise en jeu ignore le temps, c'est une forme de l'inconscient, un chaos de temps hétérogènes. L'enfant qui affleure dans le visage des vieux est une figure de cet inconscient. Faute de contact, les vieux se trouvent souvent coupés d'un mouvement crucial du temps, le *partage de l'instant.* C'est pourtant l'objet fréquent de leur demande : partager un instant, goûter au grain de temps qui attend. Les instants sont des appels de temps à vivre, et ces appels venant des vieux sont souvent entendus dans le registre du seul symptôme : de la demande harcelante.

Car le paradoxe est que les vieux, comme les autres, doivent *donner envie* de partager avec eux cet instant. Or pour se protéger et résister au délaissement, ils se donnent une surcharge narcissique qui les rend moins capables de séduire l'autre pour qu'il leur donne un peu de temps, de quoi leur en ouvrir l'accès. Il y a un narcissisme des vieux qui exaspère ceux qui oublient que le narcissisme c'est aussi l'effort poignant de s'octroyer assez de valeur pour se convaincre d'exister. Une femme de 85 ans a mis toute sa famille en émoi pour qu'on l'opère d'un petit bouton sur la joue. L'un des siens trouvait cela « incroyable » : « On dirait qu'elle veut arriver dans l'au-delà intacte ! »

Le temps qui passe n'est que l'ensemble des secousses de la présence, secousses dont il résulte des écoulements temporels. Les vieux demandent « Passe me voir » pour obtenir la secousse de leur temps, à la fois en excès et inerte. Les vieux parents mettent au défi leurs enfants d'inventer un autre temps pour leur relation, un temps qui ne soit pas l'exacte réplique du temps d'avant, car cette réplique, revécue quarante ans après, ne peut être qu'ennuyeuse, c'est-à-dire vide d'événements. Mais leurs enfants ont mis longtemps à se libérer des parents, et maintenant qu'ils célèbrent leur « victoire », il leur faut retourner vers leur origine, et ce qu'ils retrouvent n'est pas « au top », outre ce que ça leur « rappelle ».

Autre aspect du drame : le social a une masse de vieux à gérer, il recourt donc aux méthodes de gestion massives, qui mettent tout ce monde ensemble, donc entérinent l'isolement. Après quoi, on médicamente et on fait des « activités » là où la demande est massivement singulière : trouver à qui parler

« vraiment », juste un instant, juste le temps qu'il faut pour faire de ce partage un événement. Faute de quoi certains vieux s'éteignent comme asphyxiés par le manque de ce temps. Il y a une « mort subite » des vieux, comme il y a une mort subite des nourrissons. Un bloc de temps inerte survient qui dévale à toute vitesse sans rien trouver qui le dévie ou le dévoie, et il les écrase.

Le temps qui pèse sur les vieux comme un poids non vivable est de l'ordre non du passé ou de l'avenir, mais de l'*instant*. Un gros instant vide faute de rencontre. Or il y a de la jeunesse dans tout corps vivant, mais faute de faire vibrer l'instant présent dans une rencontre, cette jeunesse tourne court, reste un poids mort, presque une douleur.

34.

# Déroulement héraclitéen

La géométrie des Grecs était sans trou ni déchirure, sans torsion ni coupure, sans chirurgie ni greffe, sans pli ni recollement, elle n'a que faire des orifices, des pulsions, des sutures, des prothèses, des textures et des nœuds, elle suppose que l'écriture a lieu sur des surfaces planes, que le monde se prête à l'inscription en toute innocence et harmonie, qu'il n'est pas *déjà courbé par des traces qui le constituent* et par la présence des corps, y compris les nôtres. Elle témoigne d'un refoulement du corps de l'autre, de l'autre sexe ou de l'autre-étranger, refoulement que l'histoire a fait craquer ; de vrais corps étrangers sont venus tout balayer. Elle ignore que l'écriture suppose le refoulement, qu'elle est portée par lui, que son support jamais vierge est déjà infléchi par la tension qui l'habite, celle du temps et de l'inconscient comme réserve de temps.

Mais l'approche moderne n'annule pas celle d'Aristote (selon laquelle le temps est la mesure du mouvement de l'avant à l'après). Simplement, elle la *localise*, elle en fait une province infinitésimale de la géométrie, insensible aux actions à distance où cosmos et particules communiquent, où des liaisons invisibles font tenir les choses, chacune « avec » son temps. Et dans l'espace-temps, comme *variété* à quatre dimensions, le spatial et le temporel sont noués *en* l'absence de temps « unique », comme sous le regard d'un Dieu qui n'a pas de montre, à moins qu'il ne soit, s'il existe, l'ensemble de toutes les montres possibles. Ce qui compte, c'est la texture de l'espace-temps, et nous en faisons partie, c'est le mouvement complexe d'un pôle à l'autre : de l'ordre au désordre, de la chose au récit, de la perte aux retrouvailles. Dans l'un des possibles l'autre possible renaît par des connexions imprévues, et tous ces rythmes ouvrent du temps, entre l'habitude (pulsion de mort) et la pulsion de vie soutenue, au moins, par les suites de générations.

Le temps, comme la pulsion, induit des rapports doubles, actif-passif ; on le prend et on est pris par lui ; on en a et il nous manque, on l'a perdu, il nous rattrape. Dire que le temps émerge, c'est dire qu'on a trouvé comment le « prendre » ; cela dépend du cadre (même en physique), et cela dépend de l'objet-temps qui est en jeu. Le temps ça se prend, ça s'extrait, ça émerge, ça se tire, ça se dégage et ça engage ; selon l'ordre et selon la causalité, deux choses distinctes.

Certains identifient temps et vie, c'est très approximatif mais moins naïf qu'il n'y paraît, si l'on ne réduit pas la « vie » aux « processus physico-chimiques du vivant ». La vie émerge comme résistance renouvelée aux forces de mort, capable de s'en servir dans tous les sens, comme pour mieux s'exposer au hasard qui restructure et rebâtit ; comme pour former une trame vivante qui prend le risque d'affronter des forces de mort et de refaire surface. Le temps serait alors la destruction pointée vers la restitution, le « chaos » de la vie orienté vers des points d'organisation qui se défont et se renouvellent[1].

1. Dans ce chaos, on peut dire que la transmission du vivant maintient le cap et « prolonge » sans cesse la vie. Autrement que les progrès de la médecine qui prolongent surtout la vieillesse.

Si l'enfant d'Héraclite c'est le temps, il est aussi hors du temps, il incarne aussi le potentiel du hasard et son jeu, avec son corps qui ébruite l'espace, émeut le temps, et met en scène de quoi structurer des hasards, notamment dans l'acquisition de la langue par un bon ordre dans la succession des mots. C'est sans doute la même force, le même « démon » qui s'emballe chez cet enfant *en plein jeu* et le fait entrer dans le temps commun, avec ses acuités poétiques, et qui rétrograde chez ce vieillard jusqu'à défaire peu à peu ses attaches avec le temps, ne laissant que les petites perceptions du présent ponctuel, comme c'est visible dans l'Alzheimer. Le sujet atteint de cette maladie est déconnecté du présent qui vient de passer, il n'a plus *le retour sur lui des effets de sa parole ou de ses actes*, ce retour qui donne sens aux répétitions en tant qu'elles créent du même et du différent[2].

Pourtant, un épisode m'a frappé quand j'ai vu des malades Alzheimer exhibant de petites sculptures qu'ils avaient faites[3]. Après les discours des officiels et responsables, une patiente a parlé de son œuvre, expliquant comment elle l'avait faite, ce que ça lui avait rappelé, sa joie de nous la montrer ; c'était plein d'humour, de fantaisie et de plaisir. Je me suis dit que les œuvres d'art n'ont pas de mémoire, qu'elles sont elles-mêmes la mémoire qu'elles n'ont pas, et qu'elles sont donc

2. Nous parlons de l'aspect mental sans opiner sur l'aspect chimique des protéines qui s'accumulent dans le cerveau et brisent des connexions ; encore qu'on puisse questionner les processus psychiques et cérébraux qui favorisent ladite accumulation, et se demander si certains types de connexions ont été évités et si leur évitement systématique s'est lui-même accumulé d'une façon qui se traduit par l'entassement des protéines. Bref, l'existence de celles-ci n'exclut pas l'aspect psychique.

3. Lors d'une exposition au Musée Rodin à Paris, inaugurée le 6 janvier 2020. Les sculptures, de petite taille, tenaient toutes dans un grand cadre appelé « Porte des souvenirs et de la vie », rappelant les Portes de paradis et de l'enfer sculptées par des classiques.

des objets privilégiés pour des malades Alzheimer qui n'ont plus la mémoire récente. S'accrocher à l'œuvre et à l'ouvrage les aide à retrouver de la mémoire donc à voyager dans des durées secrètes de leur temporalité, *à l'intérieur du bloc sans mémoire* qu'est l'œuvre ; ce qui leur permet en somme de retrouver du temps ou de trouver un autre temps dans la bulle où ils vivent et qui semble coupée du temps. À charge pour les soignants de frayer des passerelles entre ce temps intérieur et le temps ambiant, passerelles qu'on pourrait appeler « passages du temps ». Cela rejoint encore le schéma des fibrations et de l'objet-temps. La prestation de cette vieille dame sur sa sculpture signifie qu'à l'instant où elle nous parle comme aux instants où elle l'a faite, elle peut voyager à travers des fibres temporelles et revenir à l'instant « actuel » : celui où elle nous parle et celui où elle l'a sculptée, à l'instant de l'« acte », celui de la parole ou celui du modelage[4].

L'enfant d'Héraclite aussi construit des passerelles entre le temps qu'il est et celui qui l'entoure. Il n'a pas une œuvre en tête à sculpter, encore qu'il puisse agencer les pièces qu'il déplace, il n'a d'autre œuvre que celle de vivre le jeu qu'il est, et il ne craint pas de puiser dans une source infinie d'inspiration : le hasard. C'est le détour par le hasard qui réorganise l'ensemble. Moderne intuition d'Héraclite : le hasard

4. Cela permet aussi de préciser le rapport au psychique, puisqu'en un sens celui-ci est une fibration du physique. Pourquoi un phénomène physique, en l'occurrence le dépôt des protéines qui bloque la mémoire, rejetterait-il pour se produire l'ensemble de la psyché ? Et si elle reste de la partie, pourquoi exclure *a priori* qu'elle intervienne dans la formation du dépôt ? Elle intervient aussi lorsque la maladie est déclenchée, comme en témoigne la patiente-sculpteur. En fait, la maladie a une expression chimique et une expression psychique qui est elle-même à deux niveaux : 1) Étant donné que la maladie est là, que se passe-t-il psychiquement ? 2) Avant qu'elle ne soit là ou pendant qu'elle couvait, quelle part y avait le psychisme du sujet ? Les aspects physique et psychique sont deux dimensions intriquées plutôt que deux coordonnées indépendantes.

comme facteur d'organisation donc aussi de loi, notamment celle qui proclame l'irréversible. Dans le flux chaotique qui se réorganise, les orientations fugaces font le temps et le défont ou le défoncent à travers cet enfant exposé au hasard et aux contraintes « structurantes » de l'entourage.

Ce temps infantile qui « joue » (comme on dit qu'une porte joue) et fait jouer les trois temps est lui-même le groupe de ses permutations en train de chercher les bonnes, celles qui satisfont la pulsion et qui donnent du plaisir. Ce faisant il sollicite l'événement, la rencontre d'autre chose qui s'appellera « trouver le temps » si la rencontre advient.

Lorsque Héraclite conclut son aphorisme par : « À l'enfant la souveraineté », il fait le pari que l'inconscient aura le dessus par différence avec le temps de la contrainte automatique ; le temps de l'origine prévaudra.

Cela dit, certains imaginent un temps d'avant le temps, une sorte d'enfance purement archaïque, et un messianisme d'après le temps. Or le passé de l'enfance ne reste pas souvent hors temps, il suffit d'un souvenir précoce ou d'une parole d'adulte sur des événements survenus au bébé pour que ça rentre dans l'histoire ; et n'est-ce pas le but de l'analyse que de faire rentrer les sujets dans leur histoire, avec armes et bagages, avec enfance et projets ; les faire entrer dans un temps vivant qui comporte un autre temps, un temps inconscient. Le sujet n'a pas d'origine absolue à son histoire, tout comme il n'y a pas d'origine absolue de l'univers (le Big Bang qu'on a mis à cette place, la science nous l'a laissé quelque temps et voilà qu'elle nous le retire : le Big Bang n'est qu'une concentration ponctuelle d'énergies multiples dont on affirme désormais qu'elle a eu un avant). Les sujets aussi ont chacun une préhistoire, il suffit qu'ils s'y intéressent pour la faire entrer dans le temps.

35.

# Coïncidences et hasard

Le livre de Daniel, dans la Bible, évoque cet homme qui parvient à rêver le rêve du roi dont le roi avait tout oublié[1]. Cela évoque toutes sortes de coïncidences. Parmi les miennes : un jour, mon grand-père kabbaliste me dit : dans six mois c'est la fin du monde. Six mois plus tard, jour pour jour, il décédait ; c'était la fin de son monde. Un soir, en sortant d'un petit théâtre dans un trou perdu de banlieue, quand il n'y avait ni Uber ni iPhone, je n'avais aucun espoir de voir passer un taxi dans ce désert, et je dis en riant à ma compagne : « Si Dieu nous aime, qu'il envoie un taxi tout de suite » ; aussitôt un taxi arrive. Ce genre de coïncidences n'est pas répétable sauf exceptions, et elles ont lieu parfois à des moments d'inspiration ou d'absence, des instants ex-statiques ou d'excentrement de soi-même, sans lesquels l'invocation, le vœu, la prière et même la littérature n'auraient pas lieu d'être[2]. Cela rappelle les moments surréalistes de Breton avec Nadja, où par exemple elle lui dit que les rideaux rouges d'une fenêtre au loin vont

1. J'ai écrit un petit texte pour expliquer sa démarche ; voir *Psychanalyse et judaïsme*, Flammarion, « Champs ».
2. La prière cherche explicitement à les produire, dans le vœu que ça arrive.

s'ouvrir – et ils s'ouvrent[3]. Et cela rappelle les « synchronies » renversantes, qu'on peut éclairer en partie comme des permutations de fibres si on en connaît le moteur, c'est-à-dire la motivation[4].

Parfois, la coïncidence est mortelle. Quand la prophétie des sorcières dans *Macbeth* se réalise, lui prédisant qu'il sera roi (ce à quoi, déjà, il ne parvient qu'au prix d'un meurtre), Macbeth n'y survit pas : la coïncidence le ravage, il en devient presque fou, il accède à sa folie et il y reste[5].

En analyse, les effets de télépathie sont courants ; et c'est bien naturel qu'une pensée surgisse en même temps chez deux êtres ayant un lien affectif (ce qui est le cas dans la cure *via* le transfert). On s'étonne plutôt que ce ne soit pas plus fréquent, c'est-à-dire plus remarqué, comme si cela faisant trop peur de le pointer. Le phénomène croise des faits scientifiques tout simples : il y a en mathématiques des « théorèmes de point fixe » qui disent qu'en déformant une forme, il existe au moins un point identique à son image, autrement dit, on a beau tout déformer, il y a un point qui ne bouge pas. Il faut donc qu'il y ait une coïncidence, ceci relève de la pure nécessité. La part du hasard réside simplement dans le fait qu'elle arrive pour ces deux êtres à ce moment-là, comme s'ils avaient rendez-vous avec le temps d'une rencontre, ou comme s'ils *rencontraient un autre temps*. Le hasard objectif semble rompre la ligne du temps ou le lien de causalité et produire un nouvel éclat de

3. Nous verrons plus loin d'autres exemples à son propos.
4. On a vu aussi qu'interpréter le rêve, c'est parcourir les fibres et faire un choix dans chacune pour faire une phrase qui soit parlante pour le rêveur. La condition est que l'acte d'interpréter, non seulement ait du sens mais, apporte une révélation. À ces occasions peuvent apparaître des permutations de causalité.
5. Voir notre *Avec Shakespeare*, au chapitre *Macbeth*.

temps, il incarne typiquement la rencontre d'un autre temps, à travers cet éclat « irrationnel ». Curieux éclat, petit débris d'une causalité brisée qui se fait remplacer, au dernier moment, par une cause toute neuve identique à son effet.

Pour la télépathie, il se peut que des fibres temporelles se croisent à notre insu. Reprenons donc ces fibres comme contenus inconscients liés à tel instant (ou à tel signifiant, qui est l'instant où il s'énonce). Dans le rêve, les fibres communiquent, et ceci dérange les temporalités, modifie leur ordre « naturel ». Dans l'interprétation du rêve, qui est une façon de refaire le rêve à l'envers, elles apparaissent avec la libre association qui essaie d'opérer « au hasard[6] ». Ce hasard est irréductible : quand certains disent qu'il n'y a pas de hasard, c'est pour dire que si vous y touchez, on peut vous montrer la nécessité de cette touche et de bien d'autres implications, mais cela n'abolit pas le hasard.

On est ainsi conduit vers l'effet de temps minimal qui, partant de A et B, fait apparaître A B. Cela implique du récit, de l'écriture, du lien, une *répétition décalée* puisque, au lieu de répéter A et d'avoir AA, on marque B ce qui donne A B. Ce décalage de la pure répétition (AA) signifie qu'en changeant de place, les corps font émerger de quoi mesurer ce changement, à savoir le temps ou plutôt la durée. On peut le dire en termes de causalité : si A est la cause de B, alors A et B sont dans une ligne « temporelle » où A est avant B. Et si les causes sont multiples ainsi que leurs effets, c'est un enchevêtrement de lignes, un paquet de nœuds temporels qui est là et qui travaille.

6. Le bon sens tient à mêler, à intriquer hasard et nécessité : quand des choses arrivent selon leur nécessité, on dit « comme par hasard » ; et quand elles arrivent par hasard, on dit : il n'y a pas de hasard ; pour dire qu'on peut après coup trouver des nécessités.

On parlerait de causes multiples, donc de causes partielles et cela nous mènerait vers la causalité psychique. Retenons déjà que les instants impossibles sont des troubles de la causalité ; elle est, comme toute chose humaine, sujette à des troubles, notamment au niveau des origines où l'on trouve même des ruptures de causalité.

Cela dit, être dans la création, c'est chercher à la lettre (comme à la loupe) de bons hasards, des contradictions que l'on puisse assumer. On cherche moins un objet qu'une rencontre ; on cherche des coïncidences, et l'objet semble venir en plus[7].

Il y a une pratique picturale qui joue avec la coïncidence ou qui tente de la forcer, c'est le collage artistique. On y voit deux formes découpées qui s'ajointent comme les deux lèvres d'une bouche absente, et l'entre-deux fait signe. On est entre deux histoires, deux identités, deux langues qui se recoupent et se recollent dans l'espoir d'une idée neuve et d'une certaine dérive de sens. Par là même, le collage joue de la substitution, des métaphores, métonymies, retournements et déchirements. Il nous entraîne dans le jeu d'une identité qui se cherche ; deux temps étrangers l'un à l'autre qui se touchent ou interfèrent. Il incise le présent de l'apparition et il en fait la partition d'une présence multiple. Du point de vue temporel, il « magnétise » des éclats de durée, produit des *cumuls* de temps étrangers mais qui ont des choses à se dire. Il veut mettre en acte la faille essentielle, rejoindre une « surréalité » et par là évoquer un temps « divin » différent du temps géré par la religion.

7. Dans le cas de Proust, l'objet est fictif (le « temps retrouvé ») mais sa *Recherche* est réelle et en tient lieu parfaitement.

C'est l'idée des surréalistes, et Breton explore « avec » Nadja, une femme réelle, ce potentiel de rencontres ; elle lui fait creuser le surréalisme dont elle semble être l'incarnation passagère. Elle met en jeu son corps et sa présence, avec des retours sur elle-même qui indiquent que, de son point de vue, le temps c'est elle.

Cela rejoint nos constats cliniques sur la femme absente à elle-même qui peine à entrer dans le temps car le temps c'est elle, mais c'est un temps bloqué par l'Autre-femme[8]. Elle semble coupée d'elle-même, captivée qu'elle est par cette Autre qu'elle veut être, et elle supporte à même le corps comme un collage de plusieurs temps hétérogènes.

---

8. Voir « L'entre-deux-femmes » dans *La Haine du désir*, Bourgois, 1978.

36.

# Surréalisme

Nadja fut pour Breton le moyen de chercher des instants « impossibles », des instants qui ne seraient pas dans la ligne du temps. C'est aussi ce qu'il appelait le « temps sans fil ». Il est clair pour nous que cette expression rejoint les objets-temps et les fibrés[1]. Nadja fut pour Breton un objet-temps dont il tira non pas des fils mais des nœuds temporels. L'épisode où, lors d'une promenade aux Tuileries, devant le jet d'eau, elle lui dit des choses qu'il venait de lire chez lui, dans un livre inconnu d'elle, semble une télépathie, une empathie à distance avec lui. Elle aussi cherchait des instants impossibles où le principe de causalité serait vécu comme inversé. C'est que l'entrée dans le temps par une prise de conscience n'est pas simple pour elle : le temps de Nadja, c'est son corps inconscient. Elle lit (et relie) avec son corps les éclats temporels qui se présentent. À ses moments de conscience, elle veut s'accrocher au temps, mais faute d'« identité » (ou de symbole identifiant), elle manque le temps, elle est même l'incarnation de ce temps manqué et ce manque de temps. Breton en profite comme d'une gerbe

1. Mais le temps sans fil finit par s'enfiler après coup.

d'actes manqués ou d'éclats poétiques. Elle écrit : « La griffe du lion étreint le rein de la vigne » ; et la vigne c'est elle, la femme qui cherche son Bacchus pour s'enivrer d'elle, pour la presser et la boire. Mais Breton, réaliste, n'est pas preneur, cela l'engagerait trop dans le réel, il se contente de « langager », à croire que le surréalisme c'est de la psychanalyse « sans engagement de votre part ». Elle dit aussi : « l'homme est une flamme parlante », en écho au buisson-ardent qui parle et brûle sans se consumer. Elle dit encore : « Devant le mystère, homme de pierre, comprends-moi » ; elle était le mystère mais son cœur à lui est resté ferme puis s'est fermé.

Les poèmes de Nadja sont limpides quand on a en tête les permutations de fibres[2] où, par exemple, l'instant $a_1$ précède $a_2$ mais la fibre de $a_1$ suit celle de $a_2$ après torsion. Le temps poétique évolue dans les fibrations. En permutant les fibres il peut créer l'étrangeté, mais ce n'est qu'une affaire de mots et d'images ; le « réel » est préservé.

Dans l'exemple de la fenêtre au rideau rouge, où Nadja annonce la lumière avant qu'elle ne s'allume, le principe de causalité semble se casser, mais la béance temporelle de Nadja crée la surchauffe, voire l'ex-stase où une parole qui veut séduire capte un hasard qui se réalise, un hasard qui passait par là. Mue par un phénomène d'empathie assez classique, elle lui dit une pensée qu'il a lue juste avant de la voir et à laquelle il pense encore. Dans les deux cas, il y a permutation de fibres sous le coup du transfert massif, et le hasard fait simplement que ça se dit ou que ça se voit. Le transfert est un vecteur très puissant, les rares fois où je n'ai pas pu arriver au bureau à temps pour mon premier rendez-vous, j'ai reçu un message

2. Voir chapitre 5.

du patient disant qu'il était empêché ; mieux, quand il m'est arrivé un jour de manquer la première heure car j'avais une urgence, j'ai reçu un message des deux premiers patients qui avaient un empêchement.

L'homme est un objet-temps complexe ; il porte des histoires restées inconscientes qu'il met du temps à dérouler, il remonte le fil et se retrouve dans des flux insoupçonnés, des épisodes recollés, des moments décalés et des filiations chaotiques, toutes choses qu'il trouve étranges mais qui sont les siennes. Elles illustrent des captures de temps et des cycles en dérive ; elles révèlent le temps comme potentiel de prise de temps, de celui que « prennent » les choses pour se dire ou s'écrire. L'avenir tarde si le passé résiste trop à s'inscrire, mais en tardant il laisse en réserve du temps qui *peut* venir s'il trouve pour le porter un bon hasard.

Le présent est un bel objet-temps, il a un rôle de navette qui assure l'entre-deux, allant chercher du passé pour en refaire l'avenir et remettant cet avenir au compte d'autres passés[3]. La navette s'active entre perceptions et mémoires, objectives et subjectives, puisqu'on l'a vu, *le fondement du temps c'est l'entre-deux*. Le sujet et le cosmos perçoivent et inscrivent ce qui se passe et « retiennent » ce qui s'est passé ; ils en deviennent la mémoire, et cette mémoire qui n'est pas purement subjective est un autre pilier du passage du temps. Le corps est une mémoire, il se souvient de ce qu'on lui a fait, même quand ça ne se répète pas, quand c'est unique (traumatique) et que ça percute des tracés temporels bien établis. La réalité aussi « se souvient » quand l'événement défie certaines lois qui

3. La navette, véhicule des allers-retours, est aussi un fuseau qui assure le tissage ; l'aller-retour est un facteur de la texture.

la régissent. Ces points de rupture ou ces traumas restent en suspens et libèrent par la suite des instants « impossibles » et de belles coïncidences.

Les épisodes de Nadja (ou du taxi, ou des rêves simultanés) peuvent aussi se comprendre comme des particules d'avenir mises en attente au passé et qui surgissent au présent à la faveur d'un bon hasard. Visiblement non répétables, ils sont assez « miraculeux » et ils existent, comme les instants télépathiques ou les miracles bibliques : événements exceptionnels inscrits au passé, mis en réserve et qui reviennent par transfert, quand l'appel ou l'invocation peut percuter le « bon » hasard.

Il y a d'autres tentatives, moins poétiques, d'inverser le temps sous le coup du narcissisme et du déni : c'est ce que j'ai appelé le « complexe du second premier ». Il s'exprime quand, dans une transmission symbolique, celui qui vient après veut *avoir été* avant : le second veut avoir été premier. Quand le fils veut *avoir été* le père. Quand ceux qui prennent un texte chez d'autres veulent les avoir précédés et en avoir été les premiers destinataires (surtout si ce texte émane de « Dieu ») alors qu'ils sont venus après. Ce complexe produit des inversions temporelles remarquables, qui se maintiennent par la force du déni. Cela peut tenir longtemps, mais cet effort pour ployer le temps et l'inverser peut faire des ravages et créer des blocages « chroniques[4] ».

4. Voir là-dessus mes études sur les religions, par exemple *Nom de Dieu*, par-delà les monothéismes, montrant le rôle majeur de ce complexe dont on observe aujourd'hui de gros effets.

37.

# Grillage de temps et institution

Beaucoup se voient confisquer leur temps par des grilles ou des quadrillages, au nom de l'efficacité qui prend parfois un meilleur nom : l'« efficience », mais qui reste l'effort pour atteindre un but donné avec le moins possible de dépense – en ressources, qui se ramènent toutes à du temps ou de l'argent (qu'on suppose par ailleurs équivalents). Or l'efficience peut être mieux qu'une rentabilité ou une optimisation, elle peut être le déroulement d'une pratique qui serait fidèle à elle-même, qui atteindrait son but en déployant son génie propre, donc en permettant au sujet qui l'accomplit de vivre son être-là sous le signe d'une *qualité* qui serait celle de la texture en jeu ; ce serait aussi l'être même de la chose, ce dont elle est composée[1].

La qualité comporte l'idée de se reproduire non par simple répétition mais, tout comme l'humain, sur un mode où le désir, le hasard, le miracle, le savoir-faire, l'inspiration ont leur place dans un mélange complexe qu'on essaie de qualifier et qu'on dirait inqualifiable. L'essence de la qualité est le mouvement

1. L'étymologie en témoigne : la « *quellité* » d'une chose, substantif de « *qualis* », concerne ce qu'elle est, tout comme subtilité est substantif de subtil, « identité » est le substantif de *idem*, ce par quoi ça s'identifie vraiment.

du don de vie qui traverse les données ; c'est l'écume de la vague d'être qui laisse derrière elle ce-qui-est.

En quoi cela a-t-il rapport au temps ? C'est que le mouvement d'être se réfère à notre être, et commence par notre être-là. Il tend vers quelque chose qui le rapprochera un peu plus de l'être comme infini des possibles. Dans le travail, il y a une lutte permanente entre le possible et l'impossible, entre le désir d'être dans l'efficience intrinsèque telle que je l'ai définie et la pression du rendement surimposée, ce qui donne, du point de vue temporel un grand écart entre le temps propre des sujets et le temps de l'autre qui se pose et s'impose jusqu'à polariser le jeu qui se passe dans l'entre-deux. En général, et entre-deux ne laisse que l'opposition entre le temps de l'horloge et le contretemps subjectif où le sujet met en réserve son temps propre, qui devient du temps perdu, pour ne vivre que le temps imposé, sans rapport avec ses fibres donc avec son implication. Clivé entre son temps propre qui est non seulement sa présence mais le pouvoir de la déplacer, de la renouveler, et le temps linéaire, il est en fait devant un temps imprenable, quand tout le temps disponible est « grillé ».

Dans ce cadre si souvent suffocant, « prendre du temps », ne serait-ce que celui de vivre un événement ou une durée d'une façon qui permette à une part de soi concernée de s'exprimer au mieux ? Cela en appelle à la présence, au savoir, au désir du sujet, avec sa dynamique de fibres, couplée au *matériau* en cause qui se prête diversement à ce qu'on y prenne du temps. Et là survient le choc avec le temps de l'autre, où l'autre c'est le contremaître, l'institution ou plus noblement le programme qui veut prendre toute la place et même la définir, d'où un rapport de forces, une lutte, une résistance, des compromis souvent non dits. Ce temps de l'autre affiche une tout autre exigence que celle de laisser les gens exprimer leur talent d'enseignant, de soignant, et même d'écrivain, quand l'éditeur après lecture dit que « tout ça c'est superbe mais est-ce que c'est vendable, et si oui, ne faut-il pas privilégier ce qui est le plus vendable ? », qui n'implique pas forcément le temps propre de l'auteur.

C'est pourquoi des directives pour l'efficience produisent aussi du temps perdu en quantité et qualité. Or qu'est-ce que le temps perdu sinon du temps dont on n'a pas su quoi faire, qui n'a pas trouvé de sujet capable de s'y exprimer au mieux ? En principe, le temps utile émerge dans une dynamique d'entre-deux : entre le temps propre et le temps imposé (qui se veut « global » et qui s'impose localement) ; il émerge quand on trouve un bon « passage ». Mais au travail, le cadre donne du temps et dévore le temps qu'il donne, c'est donc un dialogue tendu entre le cadre et le sujet ; le cadrage est indispensable pour qu'on puisse lui résister, résister à ce qu'il formate tout le temps dont on dispose, y compris le temps propre du sujet qu'il jette ensuite comme impropre à l'usage.

J'ai assisté, dans un service de chirurgie cardiaque, à la visite du chef après l'opération. Une visite au pas de course : il a vingt-cinq patients à voir en une heure, soit deux minutes par chambre. L'échange est donc au plus bref : « Alors ça va ? – Oui ça va », et si le patient ose nuancer comme pour amorcer une plainte : « Ça va, mais je sens… », la réplique est immédiate : « Vous vous rappelez d'où vous venez ? – Oui, c'est vrai, c'est un cadeau. – Oui, vous êtes avec le cadeau d'un nouveau cœur, on se reverra. » Deux minutes c'est très court mais c'est en fait suffisant pour ce que cela doit être, une brève rencontre entre deux êtres qui étaient la veille encore de part et d'autre de la mort, et qui se retrouvent et se reconnaissent :

« Me voilà, vous êtes là vous aussi ? On est là mais autrement » ; « Ça s'est bien passé »[2].

La manière de disposer du temps s'articule sur le double symptôme, celui du sujet et celui de l'institution. Les deux ont leurs pathologies *via* leur manière de s'exprimer dans le temps qu'ils prennent ou par quoi ils sont pris. Quand le sujet ne s'exprime pas, c'est que le cadre ou l'institution le font à sa place, « par la force des choses ».

Quand l'institution a ce pouvoir et dispose totalement du temps, sans trouver devant elle de résistance, elle en gaspille beaucoup, du temps manifeste et de l'autre temps plus caché qui restera dormant. Sans une certaine résistance au temps surimposé, l'institution se trouve mal alors qu'elle a les coudées franches et qu'elle dispose d'à peu près tout (sauf du désir des sujets), mais elle gère du temps désinvesti par eux ou vécu comme du contretemps. D'ailleurs elle le sent, et dans le « monde de l'entreprise », nombreuses sont les manœuvres psychologiques pour que les sujets puissent s'exprimer sinon s'affirmer, pour donner l'impression que la résistance est possible, et qu'à travers les grillages qu'on impose, il reste du jeu pour que chacun s'y retrouve. Il faut qu'il garde au moins son temps propre faute de l'articuler à d'autres, et qu'il garde l'espoir que ce temps sera encore propre à quelque chose. Tout cela met

2. Après, lors des consultations, ils parleront, mais de technique ; et quand j'interroge la chef qui en a vu des centaines sur ce qui la touche le plus, la réponse est encore affaire de temps : « Ce qui me touche c'est que les patients meurent d'envie de parler et je n'ai pas le temps de les écouter. » Je montre ailleurs (voir *Un cœur nouveau, op. cit.*) que cette situation est sans remède sauf à changer de cadrage, donc en partie de système, pour que des gens qui ont des « problèmes de cœur » trouvent le temps de parler, faute de quoi ce manque de temps, ou ce manque de parole devient un objet qui percute l'âme-corps sur un mode fatal, caillot de sang, déchirure d'artère ou manque de vitalité.

en lumière des pathologies du temps, des souffrances dans le rapport au temps, malgré les directives « optimisantes », nullement optimistes. Et, dans les deux cas, sujet ou institution, la pathologie, c'est le fait de travailler contre soi-même.

La vraie perte de temps est une façon de le vivre où rien de soi ne s'exprime. Et c'est le vécu le plus fréquent des sujets au travail, notamment du salariat industriel comme on l'a vu. Du coup, cette perte induit un rapport au temps où l'on essaie d'abord de rattraper le temps perdu ; et cela oriente le présent vers le passé pour le réparer en vue de faire ce qu'on projetait.

38.

# Gens pressés et temps obsessionnel

Être pressé, c'est différent de se hâter. On se hâte en faisant mouvement vers un but singulier qu'on désire. Certains gestes sont impensables dans la lenteur. Mais être pressé, c'est être poussé vers l'échéance avec la peur d'être en faute. Faute de quoi ? Faute d'avoir justifié sa vie, comme si on l'avait usurpée. Beaucoup s'épuisent à remplir les conditions d'une image réussie : la journée achevée, tuée ou tuante, ils ont encore des réunions, des lieux d'inscription à satisfaire, toute une course d'obstacles pour se donner un adversaire dont ils puissent triompher… s'ils courent assez vite.

La compulsion est un ordre qui souffle au sujet en sourdine : « Vite, ne rate pas ça, c'est essentiel », il court, il y arrive *à temps* : « C'est fait ! – Pas tout à fait, encore une fois ! » Et ça se répète comme si la chose étant faite, il n'y aurait plus rien à faire, il serait éjecté de sa vie. D'où cette course « contre la montre ». Le temps presse, mais est-ce le temps ou la masse de choses à faire qui « demandent » du temps ? Une ou deux suffiraient, si cela pouvait compter symboliquement, mais ce n'est pas le cas. Il faut en faire toujours plus pour que ça compte… et ça ne compte toujours pas. Certains courent après le temps pour à la fois l'éviter *et* le rattraper, pour le tromper ou se tromper, et ils le « perdent » en route.

Ces gens pressés sont des *phobiques de l'instant*, l'instant de la présence ou de la rencontre. Notre culture en a fait le principe même du sport : l'instant où se franchit la ligne, où le point est marqué.

Les gens intrinsèquement pressés n'ont pas reçu le don du temps, voire le don de la vie, alors ils courent après pour se le donner eux-mêmes, et il faut chaque fois recommencer ; il faut se le donner point par point, mais ce cumul de points ne fait pas l'appoint, ce sont des bouts de temps mort-nés. Le temps devient pour eux une matière pénible à mouvoir, à émouvoir[1].

Un jour, un médecin m'a dit qu'il en avait eu « assez de ce stress », il a décidé de « finir la semaine vendredi à 13 heures pile, plus de rendez-vous ensuite ». « J'ai vu alors une plage de temps lumineux devant moi. » Il s'est reproché de ne pas l'avoir fait avant, depuis des années. Et il a offert le conseil à une collègue qui avait « son émission » à la radio, elle était « hypernerveuse » et enchaînait les « clopes » ; il lui a dit : « Débranche un ou deux fils et tu seras soulagée.

---

1. Freud dirait matière fécale, comme l'argent ; le temps c'est de l'argent. Ce refrain, on l'entend naïvement comme : le temps vaut l'argent qu'on peut gagner pendant ce temps… Or il y a un autre sens : le temps donne une légitimité à l'argent qui a tenu la route du temps, il a tenu la génération, il peut donc engendrer.
De fait, c'est par l'acte de compter (à tous les sens) que le temps et l'argent communiquent ; l'argent sert à marquer nos démêlés avec le verbe « compter » qui est le symbole de la durée. Et cela déteint sur d'autres scènes : compter pour quelqu'un, compter pour rien, être quelqu'un qui « ne compte pas », ou qui s'efface au moment de compter et d'inscrire son nom.
Avoir du temps ce n'est pas avoir de l'argent, c'est être engagé dans un rapport au possible où peut surgir l'événement salvateur, qui se détache du bloc de temps caché et percute le temps disponible.

– Impossible, c'est ce stress qui m'aide à tenir, c'est ma drogue. » Cela peut être une drogue, en effet, de se sentir pressé comme un fruit et de boire le suc qui en sort. Une grosse maladie de l'époque tient dans ce couple inséparable de pression et de dépression.

En attendant une rencontre où ils seraient comme reconnus par leur destin sans avoir à cumuler des signes de reconnaissance, ces sentinelles du *chrono* surveillent l'instant, toujours trop fatidique.

Très peu se demandent, quand ils sont ainsi « pris » par le temps, de qui ils sont la prise ou la proie, et on comprend qu'ils ne trouvent pas la bonne secousse pour se sortir du temps de l'*autre* ou accéder à leur temps propre *via* le temps du possible.

Quant à l'obsessionnel pur, imaginez les trois temps – passé, présent, futur – comme trois cercles, et lui qui jongle avec : il les lance en l'air l'un après l'autre et n'en tient jamais qu'un seul, juste le temps de le relancer pour empêcher que les autres ne tombent, il les rattrape de justesse, et il arrive souvent à temps pour le trop tard. On peut dire qu'il les tient ensemble mais dans le vide ; il n'en tient aucun bien qu'il touche à tous, d'une touche impulsive qui ne l'engage à aucun temps ; il jongle avec les temps mais il n'est dans aucun. Le temps est escamoté mais toujours là et pressant. Chaque temps y est achevé, comme un cercle, c'est une image d'éternité[2]. L'un d'eux m'a dit qu'il « fout en l'air » le temps ; un autre, qu'il avait le sentiment de courir « comme un lapin » – est-ce pour

2. Heidegger dit que le temps c'est la tension qui maintient l'un pour l'autre, ensemble, les trois temps ; mais ici on a un contre-exemple cette tension c'est le sujet qui l'incarne, preuve qu'elle peut avoir lieu sans que le temps advienne.

qu'on le prenne en chasse et qu'on lui « tire » dessus ? Comme si seule la mort pouvait ouvrir l'accès au temps. De fait, c'est elle qui le referme tant qu'elle n'est pas reconnue ; elle se produit dans l'accident. Le sujet peut aussi non pas courir mais attendre ; avec la procrastination, on attend qu'il soit trop tard.

Je pense au cas d'un homme qui avait mis son désir en attente et qui revoit par hasard des femmes naguère désirées. Elles se succèdent devant lui au gré des rencontres, elles ont pris de l'âge et cela donne, dit-il, un « coup de matraque » au désir qu'il a eu d'elles et qui s'en trouve achevé, désir qui ne fut jamais bien vivant puisqu'il était constamment différé, procrastiné.

La procrastination, le « demain je le ferai », met l'avenir sous le signe de l'impératif, mais l'avenir ainsi « commandé » se décommande et fait faux bond ; l'« ordre » de *faire* cette chose va osciller entre une négation et une autre. Il y a peu de formations psychiques où le temps soit à ce point *saccagé*. Le sujet ne fait pas, il diffère.

Mais si la compulsion vient à bout du temps aussi exactement, c'est que le temps est très proche de la pulsion : notre rapport au temps est pulsionnel. Et, chez certains, c'est une vraie lutte entre pulsion et compulsion.

La compulsion est comme un doute sur le passage du temps – comme il y a un doute sur l'amour (qui aime-t-il vraiment, celle-ci ou celle-là ?). Or le temps vécu est fait de passages et d'entre-deux. C'est donc la consistance du temps qui fait défaut, qui n'est pas donnée. Du reste, les moments compulsifs ne *passent* pas, ils sont identiques. Et sans passage du temps, c'est un semblant d'éternité où le temps apparaît comme absent. C'est en fait du temps « mort », car le temps vivant grignote l'éternité, il est la seule chance qu'a l'éternité de déchoir, et quand c'est possible elle en profite. Sinon, on en veut au temps qui ne se donne pas, et on s'en veut de ne pas savoir le prendre, comme on en veut au père de ne toujours pas mourir, et on s'en veut d'échouer à le « tuer » ou de ne pas ressaisir la trace de son éclipse[3].

3. Parfois, l'instant irréversible met du temps à passer et nous fait sentir le passage : « Les Twin Towers sont *en train* de tomber », me dit une voix au téléphone un certain jour de 2001.

39.

# Arrêt du temps et angoisse

*Le Procès* de Kafka explore l'arrêt du temps où le sujet, enlisé dans l'espace d'une Loi labyrinthique, n'arrive à rien et ne saisit plus le sens de ses démarches. Cela commence par deux fonctionnaires qui viennent lui dire : « Vous êtes arrêté » et qui s'en vont, le laissant à sa vie ordinaire. Plus qu'un signe du destin, c'est un constat : il *est* arrêté, son temps est arrêté, peu importe par qui ou devant quoi – ce peut être devant les femmes, la loi, le désir, le mystère bureaucratique… Et, dans cette bulle de temps inerte, il va beaucoup s'agiter, d'un trajet à l'autre, en quête de sens. Il y a des commencements qui se prolongent, des arrêts qui ne s'arrêtent pas, qui nous plongent aussi dans le temps du rêve ou de l'inconscient. Et le livre explore cet *arrêt de l'être* qui s'achève en arrêt de mort, après avoir transité par la scène fameuse de l'homme en attente devant la Loi. Ce montage kafkaïen illustre l'escamotage du temps où l'homme attend toute sa vie devant la « porte de la Loi », il attend que le gardien l'autorise à la franchir, et lorsqu'il est trop vieux pour bouger, il s'entend signifier que c'est *trop tard* par le gardien qui, lui, n'a pas vieilli comme s'il incarnait l'inconscient ou le retrait du temps. Tous les semblants de temps dont joue l'obsessionnel sont ici repris : il *attend* de voir les autres franchir le seuil, lui-même ne peut pas le faire, faute de présent ; il attend qu'on lui permette, il ne prend pas le risque, peur de l'avenir. Bizarrement, il croit à une Loi en forme d'espace clos avec un Porte telle qu'on est dedans ou dehors. Il ne voit pas que la Loi est aussi une épreuve du rapport à la Loi, comme la parole est un rapport à la parole. Pour lui, la loi comme le désir, c'est écrit quelque part, le processus ou l'événement dont elle émerge, qui serait aussi l'émergence du temps, est pour lui impensable. Il semble empêtré dans le temps diffus d'une perte innommable, qui se traduit par ses efforts pour obtenir que son procès puisse *avoir lieu*, et déjà qu'on trouve une trace du dossier…

On a là comme un écrasement du temps, qu'on retrouve dans l'angoisse. Celle-ci reflète un événement où on a été sans recours ni repères et qui peut rester en suspens. L'angoisse écrase le temps actuel sur un autre temps, impossible, absent ou infranchissable, comme une longue durée vide. L'angoisse est un instant qui ne passe pas, qui n'a pas d'instant suivant, le passage est obstrué comme si, en remontant la mémoire, on heurtait un repli du temps, un retranchement. L'angoisse semble chercher une nouvelle « loi » du temps, comme si les lois disponibles, telles que la simple succession, échouaient. Un claustrophobe qui fait une crise dans le métro, entre deux stations, n'intègre pas que dans deux minutes ça va s'arrêter et qu'il sera libre ; pour lui c'est « sans arrêt ». Le lien entre les trois temps semble coupé, ce qui rend le temps abyssal et imprenable.

La tension qui lie ensemble les trois temps sans en faire partie, c'est la dimension de plus, nécessaire aux trois pour faire une temporalité, un temps vivant connecté au temps de l'être c'est-à-dire du possible infini. Sans ce point d'incandescence temporel, le temps est perdu de vue[1].

Il y a d'autres formes enkystées de l'angoisse parmi les grands blessés du choc de l'être dont aucun ne peut dire : « Je suis celui à qui ce choc est arrivé. » Si on peut le dire, c'est qu'on n'y est pas complètement. Et ce serait signe qu'on peut vivre l'événement, instance cruciale du temps. Une étape intermédiaire serait de pouvoir penser ce qu'on vit comme la scène *x* de l'acte *z* d'une longue pièce bizarre, ce qui revient à ouvrir une dimension de la « lecture », ressort minimal de la durée. Ceux qui le peuvent sont déjà sur une bonne voie puisqu'ils peuvent aussi changer de lecture, autrement dit : interpréter.

1. Le cas limite de l'Alzheimer est à part, ces sujets n'ont pas ce point de tension, et leur présent n'a pas de feuilletage.

40.

# L'après-coup

L'après-coup a lieu quand l'événement qui arrive donne au passé un autre sens ; il exprime une influence du futur sur le passé ou une manière de le changer. Il peut révéler qu'un fait d'allure banale a été un trauma, ou plutôt que son couplage avec ce futur-présent fait de lui un trauma. Notre vision du passé peut donc changer par l'effet sur lui d'un événement ultérieur[1].

L'après-coup fait revivre le passé en fonction des besoins actuels. Freud l'a dit crûment, « le temps de l'enfance se constitue aussi par des incitations venant du temps de la maturité ». En outre c'est interactif : le temps de la maturité envoie des ordres de changement vers l'enfance sous l'impulsion des résidus de cette enfance.

Dans les sciences aussi le passé est incertain ; et dans le récit d'une histoire, pour ménager des effets dramatiques, on laisse l'autre découvrir un passé qui était là, dont on n'a dit qu'une trace infime, et cela crée une situation où le futur change le

1. C'est aussi le problème de la double inscription comme opération essentielle de la mise en mémoire : la trace qui vient change le statut de celle qui fut.

sens initial du passé qu'il révèle. C'est une forme créatrice de l'après-coup.

L'interprétation du rêve lui donne aussi après coup une autre force, qui n'existe que par cette nouvelle lecture. C'est elle qui l'inscrit dans le temps, c'est par elle que l'inconscient contenu dans le rêve réintègre le temps et donne vie aux histoires du rêve. L'interprétation libère un temps captif, à la manière dont certains micro-organismes, restés inertes durant une « éternité » (plus de cent mille ans), reprennent vie sous l'effet d'une goutte d'eau. Où était leur vie entre-temps ? Dans la mémoire qu'ils sont devenus.

Et si, au lieu d'un rêve, il s'agit d'une pensée qu'on a eue, il suffit d'un après-coup la concernant pour qu'elle gagne une force imprévue qui la remet en jeu dans son temps renouvelé. L'événement déclencheur, qui peut lui-même être une pensée, transforme la pensée antérieure comme il transforme un petit choc du passé en un vrai traumatisme.

D'où mon idée que penser c'est créer des après-coups et en prendre acte, dans une séquence où la trace précédente conquiert un autre sens. L'écrivain aussi connaît cela : l'écriture fictionnelle produit elle-même les après-coups qui changent le sens de ce qui précède, ce qui fait d'elle en principe une écriture pensante. Comme par hasard, les après-coups qu'elle provoque créent des bulles narratives, c'est-à-dire qu'elles dégagent du temps.

Les émotions sont aussi des pensées, souvent déclenchées par des après-coups, des boucles de temps qui remontent vers l'émoi antérieur pour en dégager toute la force. Mais l'émotion est une pensée qui s'arrête en chemin, hésitant à mieux se comprendre ou n'ayant pas le temps de le faire.

Peut-être y a-t-il une extension de l'après-coup, une forme générale où chacun reçoit le choc d'un événement qui transforme son passé sur lequel il greffe alors une histoire de plus ; et le sujet est affecté par ce temps de plus.

Quant au futur, on ne peut changer que la prévision qu'on en a pour la remplacer par une autre, et lui, le futur, partiellement consentant, n'en fera qu'à sa tête. (On tente aussi de le deviner : la superstition est un moyen de chatouiller le futur dans l'espoir d'en connaître un bout.)

Tous les changements qu'on opère sont présents et se prolongent dans le futur, sauf à être très éphémères. Ils y ont une rémanence, mais le futur les dépasse, il semble d'abord occupé à faire tourner la turbine qui puise en lui pour éjecter la durée vers le passé. Les horloges, elles, font l'inverse : elles indiquent ce qui va du passé au futur, et le présent pour nous si stable, elles n'en font aucun cas, il faut les arrêter pour qu'elles l'indiquent mais elles n'indiquent que cet arrêt. La trame du présent est rayée, raturée, traversée par les coups et après-coups des croisements fugaces entre passé et avenir.

Le pourquoi de l'après-coup n'est pas si évident. Les connexions des fibres et leurs permutations peuvent éclairer la chose si l'on admet que les événements (les instants) communiquent par les fibres. La fibre de l'événement $t_2$ transmet une ligne de force à celle de l'événement antérieur $t_1$ qui s'en trouve suractivé. Pourquoi ce déplacement de force ou ce transfert d'énergie ? C'est une autre affaire. Il faudrait supposer que les instants sont à la fois des particules et des ondes qui se propagent.

Mais l'après-coup a aussi un usage abusif : servir telle ou telle cause, quand le savoir actuel sur l'événement passé redonne à celui-ci une « tout autre » valeur, fondée ou pas, qui peut changer les cours d'histoire sinon le cours de l'histoire.

L'accumulation de savoir, progressive ou brutale, peut changer l'image qu'on a d'un passé, et si c'est l'image qui domine, cela changera tel événement, mais alors c'est sa domination qui serait le nouvel événement. Quand l'après-coup relève d'une décision, voire d'un plan et non d'un événement, cela s'appelle *réécrire l'histoire* ; ou la refaire.

Exemple : des voix s'élèvent pour exiger le retour en Afrique d'objets tribaux qui remplissent, en Europe, les musées d'anthropologie, parce qu'ils ont été achetés à trop bas prix. Ceux qui les ont vendus ignoraient leur « vraie » valeur qui est mieux connue aujourd'hui. Mais elle l'est grâce à leur exhibition dans ces musées. Que faire de cet après-coup.

41.

# Rituels, mythe et création

Certains voient le temps comme une illusion, mais le rapport au temps est réel. Dieu est peut-être une illusion mais des peuples s'entredéchirent autour de lui. Curieusement, les paroles fondatrices des trois monothéismes, qui se veulent tous premiers, produisent trois départs du temps, trois calendriers, trois datations. Certes, c'est du temps ordinaire mais différemment coloré par des textes, des corps, des rituels.

Dans le collectif, le rituel porte un fragment de temps qu'il fixe et qu'il colore comme un présent singulier au-dessus du présent ordinaire. Ceux qui ont « vécu » des rituels festifs, quelle que soit la religion, témoignent de la différence indicible qui donne à ce temps-là une consistance et un rayonnement temporels que seuls connaissent ceux qui les vivent. Leur limite est balisée par certains signifiants, et quand cesse leur action, on retrouve la nudité du temps normal. C'est dire aussi que ce dernier porte la marque de signifiants dont l'impact, bien qu'assez fort, s'est dissous dans l'habitude. Le rituel fait une trouée dans l'habitude et la remplace par sa façon singulière d'habiter le temps et d'en exposer ce fragment à une lumière « sacrée », supposée venir de loin et marquer une présence cachée, inconsciente, un potentiel de mémoire qui se mobilise à ces périodes et qui devient effervescent avant de se calmer[1].

Dans le rite festif, le groupe a *rendez-vous avec le temps* qui le rassemble, qui marque ces retrouvailles ; rendez-vous avec le temps de l'être où il découpe son existence. Ce qui fait « rituel », ce n'est pas tant une croyance qu'une répétition par le nombre, la date, les gestes grâce auxquels la fête symbolise ce qu'elle répète, et répète l'événement qu'elle symbolise depuis un temps assez long qui est aussi celui de ses répétitions où elle convoque le groupe à se tenir là, plus ferme que ça, entre l'origine et l'actuel. La transmission contient la répétition mais la dépasse, sinon les enfants seraient les répliques des parents. On transmet du « même » qui se révèle différent de ce qu'on cherchait à transmettre.

À Marrakech où je suis né, j'ai vu le temps rituel instaurer son propre espace, espace qui chaque fois porte son temps propre et devient une bulle temporelle coupée du temps des autres. Dans la bulle c'était la fête et en dehors, ça ne l'était pas, mais la bulle rayonnait sur le monde un temps de fête qui est une forme de ce que j'appelle le temps de l'être où des possibles s'actualisent un par un. Peu importe leur petit nombre, l'important est qu'ils existent sous le signe de l'infini. D'où mon idée de voir l'être comme l'*infini des possibles.* Cette « définition » fait résonance pour Alain Connes avec le fait quantique maintes fois évoqué, où l'on envoie une particule *via* la fente dans une plaque et on recueille l'impact sur une autre plaque, expérience non répétable qui en un sens actualise cet

1. Voir certains récits sur les rites dans *Marrakech le départ.*

infini. On entrevoit le lien concret entre cet aléa du quantique et le passage du temps, entre la variabilité intrinsèque et le possible infini qu'elle indique et qui fait de ce temps qu'elle offre le temps de l'infini des possibles.

La création est tout le contraire du rituel. Elle veut être une genèse qui confronte le tout qu'elle est et le rien qui lui manque. Elle a beau être totale, elle donne sur un certain vide, un point d'inachèvement, une *infinition* du temps. Elle invoque le temps non mesurable d'un désir, tout autre que celui de la jouissance rituelle à base de répétition.

La science aussi instaure l'origine comme insaisissable, et le temps de la physique reflète ce trait essentiel du déroulement. En un sens, l'avenir est *encore* enroulé et le passé l'est *déjà* puisqu'il a été lu et déroulé, pendant que la lecture actuelle – qui toujours *anticipe* et *rétroagit* – maintient le présent entre deux parts du « rouleau », dans le creux ou le creuset. Le temps serait alors l'enroulement-déroulement de toutes les lectures possibles (celles de la physique, de la clinique, des religions, des mythes, des intersubjectivités).

La question : « Est-il vrai que le temps passe ? » prouve que le temps passe ; vu l'écart entre son début et sa fin, cette phrase est déjà le récit d'une question et, on l'a dit, le temps passe toujours dans un récit, linéaire ou paradoxal, sur lequel d'autres se greffent. Mais la force qui fait passer d'un présent à un autre, c'est l'existence de l'autre, du différent : un présent doit passer pour que l'autre se présente, tout comme l'un doit se taire (s'affaiblir) pour que l'autre puisse parler (s'affirmer). Que l'un et l'autre soient des sujets ou des corps célestes qui peuvent s'envoyer de la lumière et donc communiquer. De même s'il y a deux lettres, on doit « passer » l'une pour écrire l'autre, sauf à l'écrire sur la première, rendant les deux illisibles. L'écriture est une image du temps comme la lecture, et elle le devient davantage selon l'espace de « jeu » qu'elle met en place et les dérives qu'elle s'y permet.

L'écriture est un rite de passage du temps, et sa force dépend des fibres qui la relient à l'autre temps.

42.

# Temps d'être

Si « on a du temps », c'est que le temps dépasse l'avoir et serait donc du côté de l'*être* ; alors parlons de l'être comme support du temps, temporalité disponible. Notre définition de l'être comme infini des possibles n'en est pas une puisqu'elle inclut l'être, elle l'inclut sous la forme du possible, vu que le possible c'est ce qui peut « être ». Mais toute définition de l'être utilise le verbe être, donc n'en est pas une[1]. Mais sans définir l'être, on peut dire sa caractéristique majeure : il *présente* un autre possible quand « tout » semble impossible. Un vœu ou une prière, religieuse ou non, consiste à souhaiter que se présente ce possible dont on sait qu'il « existe » quelque part puisqu'il y a toujours une issue ou une suite. Ou « autre chose » qu'on nommera après coup mutation (scientifique ou

1. Dire par exemple, comme Alain Badiou, que l'être est une multiplicité, c'est user du verbe être. Il ajoute qu'elle est composée d'éléments qui sont eux-mêmes des multiplicités qui à leur tour, etc., jusqu'à ce que cette descente arrive à la multiplicité sans élément, donc au vide ; cela revient à transposer ce qui définit un univers d'ensembles avec, en guise de néant, l'ensemble vide, qui n'a pas d'éléments. Je pense que l'être excède cette approche et préfère donc l'être non pas comme univers des ensembles mais comme opérateur qui fait être tout ce qui est ; ou ce qui revient au même, comme l'infini des possibles.

artistique), changement de théorie ou de paradigme. L'être implique la suite, donc *l'être implique le temps*. Dans l'expérience qu'on en a, le temps de l'être dérive du fait qu'être là comporte un avant et un après, autrement dit, l'expression « je suis là » produit par simple répétition « j'étais là » et « je serai là ».

Il se trouve que seul un Dieu peut dire cela et c'est le Dieu biblique qui a pris cette place, il s'appelle l'être en quatre lettres avec quelques permutations. Mais il y a d'autres présentations de l'être, l'univers des transfinis en est une, et déjà l'ensemble des nombres dits naturels. Nul doute que c'est en passant par cet infini, ne serait-ce que dans la pensée, que tout être fini tire son existence. Une phrase de Tolstoï dit en termes de temps l'infini du désir d'être : « De l'enfant de cinq ans jusqu'à moi… il n'y a qu'un pas, du nouveau-né à l'enfant de cinq ans… une distance effrayante. De l'embryon au nouveau-né… un abîme. Et du non-être jusqu'à l'embryon, non plus un abîme, mais l'inconcevable[2]. »

Ajoutons qu'en hébreu, le temps comme « moment » se dit *'ét*, et « maintenant » se dit *'atah*, c'est-à-dire *'ét* suivi d'un *h*, initiale du divin. Cela suggère que *le maintenant c'est l'instant du divin, l'instant de l'être aussi comme ouverture des possibles*, puisque le tétragramme du nom divin dans la Bible c'est l'être conjugué aux trois temps. Or le maintenant signale l'événement dans sa pure actualité. Le temps de l'être est le potentiel des « maintenant », des instants qui peuvent compter.

En mathématiques on dit : *soit X un topos tel que, etc.*, cela marque un départ dans l'être, *soit*, une position suivie de suppositions qui fait émerger l'objet dans le temps, celui de la

2. Léon Tolstoï, *Premiers Souvenirs*.

démonstration qui suit[3]. Dans la vie, point n'est besoin de dire « soit un événement », il est là et sa présence impose l'idée d'un avant et d'un après ; c'est lui-même qui est une secousse d'être. De sorte que, dans la durée ou l'événement, il y a pour nous le temps de l'être. Il sera pris en charge par le travail de la lettre (mathématique, narrative, légale, personnelle, rituelle, etc.). Sa consistance est facile à comprendre : *nos relations au possible définissent les relations dont nous sommes faits, chacun de nous est un ensemble de ces relations intrinsèques et c'est ce qui nous « temporise ». On est comme l'enfant d'Héraclite qui joue de ces relations et qui en déduit des durées.*

On peut dire qu'être et temps sont intriqués sans qu'on puisse dire lequel des deux a « commencé » ; ils forment un entre-deux dynamique. Le temps est un rapport au possible donc un rapport à l'être, et par là même au hasard absolu. (Or le hasard, même bridé par des calculs et limité par des contextes, a toujours une face intacte par laquelle il se présente comme absolu.)

Il y a *le temps propre* à une position et *le temps qu'on prend* ou qu'on prélève ; il y a le temps que libère un événement et l'acte de s'avancer vers le temps, de faire face à l'être donc à l'autre, avec du temps avant soi donc aussi devant soi. Dans ce face-à-face se prélèvent ou se figent la durée et l'instant.

J'acquiesce donc à la formule d'Alain Connes : « L'aléa du quantique est le tic-tac de l'horloge divine », car le temps

---

3. Le langage mathématique a ses temporalités : l'implication est un « pas-de-temps » : *si telle chose a lieu, alors il s'ensuit que…* ; et le « donc » si fréquent c'est, en grec, « maintenant » ; le fameux « or » des syllogismes est aussi un « maintenant », c'est un lien temporel puisqu'il suppose qu'un savoir est retenu et intervient au bon moment. Démontrer c'est produire une arborescence causale qui définit des chemins, des « histoires » où les personnages sont des paquets de lettres qui se déploient et se fécondent.

prélevé dans le phénomène quantique est au fond prélevé dans l'infini des possibles, dans l'absolue variabilité et le hasard irréductible. Cela confirme mon idée que *tout temps est prélevé dans le temps de l'être*, donc dans un fonds temporel qui est au-delà de ce qu'on prélève comme temps hétérogène, avec ou sans fil, incluant notre temps ordinaire.

Il y a, non pas un temps universel mais un temps de l'être qui ne se mesure pas de la même façon partout (la relativité veille) mais qui « est » partout présent et parlant, c'est le temps de l'infini des possibles ; la variabilité quantique affiche localement cet infini. Le temps de l'être c'est le temps du possible poussé à sa limite impossible ; il est global mais on ne le « prend » que localement.

En lui se prélèvent aussi le temps newtonien, relativiste et quantique. Dans ces prélèvements, le possible devient nécessaire. Le temps se trace dans l'infini des possibles comme une frontière qui court parmi ces multiplicités, il se détermine au passage entre les trois temps, et entre les deux niveaux, conscient et inconscient.

Le temps successif ou compté est pris dans ce grand temps de l'être. Par exemple, compter, pas seulement des objets, compter comme sujet, comme ensemble de relations et potentiel de jeu, c'est prélever dans le temps de l'être de quoi se rendre plus vivant, en chargeant d'un-peu-plus-d'être des fragments qui après coup deviennent des temps forts ; c'est s'inscrire dans le déroulement du grand livre de la vie. Et c'est scandé par une succession de « présents » qui constituent notre présence au possible. Dire qu'un sujet ou un objet n'est que l'ensemble des relations dans lesquelles il est pris ne suffit pas, car qu'est-ce qui tient cette prise et maintient cet ensemble ? Sa seule énumération ? Cela suppose de la compter, donc de la nommer, et quel est le sujet qui la nomme ? Si on refuse l'âme ou l'esprit ou l'ordre symbolique, alors il faut supposer un Dieu omniscient personnel et total, c'est beaucoup trop. Contentons-nous de l'être comme infini des possibles qui ne peut que devenir, même quand il semble rester identique à soi dans une pure présence.

Ajoutons que l'être, comme infini des possibles, est aussi bien le règne de l'unicité que de la variabilité. Il les incarne toutes les deux. (L'idée que l'être est « un » retentit à la fois dans Parménide et dans la Bible ; et cet « un » est bien sûr infini donc multiple.) Et nous voyons ici qu'elles coïncident avec la source du temps, *via* la variabilité unique et l'unicité variable.

Le présent s'articule à l'être car il implique d'avoir lieu d'être dans la présence. Il n'y a pas de lieu sans le temps qui donne lieu ; *le temps est un déplacement du lieu d'être, qui cherche à s'inscrire par des dates, des rites, des textes, des objets qui accrochent l'événement d'être.*

L'instant aussi est une mise en acte aiguë du rapport à l'être ; il est l'acuité du temps où se mobilise dans le corps et la pensée l'être disponible. Cela peut n'impliquer aucun agir, aucune résolution : la psyché mobilisée peut toujours contempler l'instant où le soleil commence à poindre sur la mer, l'instant où apparaît le Mont-Blanc après la traversée des deux monts qui le précèdent et qui le cachent : s'y profile une simple irruption de la présence autre, à la fois massive et légère ; un premier balbutiement de l'autre temps.

Et nos prélèvements corporels dans le temps d'être nous impliquent toujours comme corps, comme entités sexuées, donc divisées-liées, allant par deux, y compris pour se reproduire et se répéter. C'est ce qu'illustre une jolie œuvre d'art contemporain[4] qui présente un grand cercle mural divisé en douze intervalles avec en chaque point une chaussure ; et au centre, deux aiguilles inégales qui complètent une horloge (on a compris que les chiffres du cadran sont des chaussures). Imaginez que lorsque l'une et l'autre aiguille sont sur un chiffre exact, elles mettent en rapport deux sujets, représentés par une chaussure à laquelle il manque son « autre ». On dirait qu'alors, chacun « trouve (une) chaussure à son pied », façon de dire l'appariement réussi de deux êtres qui peuvent aller ensemble, notamment au lit. Quand les aiguilles sont chacune entre deux chiffres, c'est-à-dire entre deux chaussures, et cela arrive presque tout le temps (excepté douze fois), c'est signe qu'un certain couple est dépassé et qu'un autre est à venir.

Les couples se forment à chaque heure pleine du jour ou de la nuit, ils peuvent être de même sexe ou de sexe différent. Le temps est ici la tension qui fait lien entre passé, présent et futur à travers des rencontres où deux humains s'accouplent et partagent leur temps d'être, il est porté par des corps eux-mêmes porteurs d'histoire. Il rythme et apprivoise les points critiques qui sont ceux de la rencontre, sexuelle ou donnant lieu à de l'art, de la science, des théories, des poèmes, des rituels et des lois. Autant de scansions du rapport à l'être-temps. Ici, le temps, c'est de l'être qui parle à travers des corps qui font acte de présence, de désir et de mémoire.

4. Vue à Art Basel en juin 2019.

43.

# Deux gestes temporels

Un autre « couple » se présente à la pensée du point de vue de l'acte ou du geste temporel, vécu sur un mode singulier, c'est le tout petit et le danseur, sachant que le premier, par nature, mène une danse de la vie où il se constitue.

Le *nourrisson* se fraye un chemin vers lui-même à travers son « corps », plus passivement sans doute que l'enfant d'Héraclite car il a moins de jeu, et il traverse une époque où l'on dirait qu'il veut prendre avec ses mains des paroles qu'on lui adresse ou qu'il arrive à lancer (les schizophrènes ne sont pas seuls à prendre les mots pour des choses). Les gestes, rythmes, bruits, phonèmes qu'il invente dépassent l'effet d'imitation ou de miroir : quand vous imitez sa trouvaille il peut jubiler, mais lui ne vous imitera pas, il est dans sa *recherche*, dans sa remise en jeu du monde : un pas dans l'espace, doublé et soutenu par le regard de l'autre et son regard vers l'autre devient un instant vivant, comme si le temps faisait trou dans l'espace apparent. Nous croyons vivre dans cet espace à trois dimensions et c'est une pure fiction, qui est ébranlée par de tels instants ; comme si le temps était un déchirement d'espace, produit et vécu par le corps. Une déchirure du voile, révélant que l'on vit dans un espace-temps mais qu'on ne le sent pas, sauf en de rares occasions comme celles-là. Parfois c'est plus qu'un pas, l'enfant lance son corps dans le « vide », il fait intrusion dans l'espace pour y prendre du temps qui n'y était pas, et rattrape son corps là où il l'a lancé, comme s'il en jouait.

La *danse* innovante explore, elle aussi, une certaine révélation de l'espace-temps avec le corps qui « prend » le temps à sa façon dans l'espace habité qu'elle déchiffre. Le corps se place alors entre mémoire et acte ; et par le trajet du geste, il prélève du temps linéaire ou cyclique, mais par le geste comme acte ou comme événement, le corps prélève de la présence, il fait exister l'instant, le pur objet rempli du temps qu'il donne à vivre, et il reste en proie au temps, sujet au temps à faire jouer. C'est en quoi la danse, l'effet dansant du corps, déborde l'approche habituelle du temps. *Elle construit l'instant* où le corps jaillit dans l'espace comme on l'a vu du nouveau-né. Danseur et nourrisson incarnent, chacun à sa façon, un corps « naissant » qui produit, par sa dynamique intrinsèque, le temps qu'il prélève par ses gestes et sa gestion de l'énergie. L'instant apparaît comme concentration d'énergie, soudaine ou lente, quand un geste fait sauter l'emprise d'un autre ou qu'il dénoue une fixation. *La soudaine mutation d'énergie donne la mesure de l'instant*, avec son rythme, sa densité.

Le corps naissant par la danse incarne le temps comme « jeu » du destin et de ses acuités. Il est cette naissance en jeu, dont il joue à déplacer les appuis, les énergies, passant d'un geste à l'autre, d'un symptôme à l'autre, et dans ce qui le porte, ce qui l'emporte c'est sa naissance en devenir.

La danse fait passer sur les corps *la magie de l'instant comme appel de temps à vivre*. Elle met du temps dans l'espace et offre à mieux voir dans un espace le temps qui le fait tenir, qui lui donne consistance ; elle confirme l'espace comme déjà infiltré de temps, d'un temps que la danse fait émerger par des moments créatifs, qui sont d'infimes « origines » de temps.

La danse comme musique du visible et de la présence fait vivre des instants où l'origine se renouvelle. Elle objecte au clivage entre temps et espace, et comme la musique, elle fait son temps de tout espace. Dans un spectacle de danse innovante, on peut partir d'un geste – comme d'un instant – et suivre le fil d'une narration qui s'interrompt pour passer vers une autre. On perçoit ainsi des temps possibles, comme une pelote de fils multicolores où chaque temps a sa couleur ou sa lumière. On y voit l'instant comme croisement de plusieurs durées ; et le corps comme inconscient chargé de temps hétérogènes, le corps comme « machine » à prendre le temps dans le possible plutôt que dans l'« espace », machine infinie qui se charge de temps et se décharge ; le corps porteur de temps colporte des histoires instantanées.

La conjonction du temps et de l'espace, les corps la ponctuent de leur présence et ils y viennent quand s'opère en eux la jonction entre le temps de leur mémoire et leur espace corporel.

Cela nous ramène à la musique. Nous l'avons dit, la musique est une lecture sonore du temps, lecture symphonique ou orchestrale, donc plurielle, qui percute et répercute à l'infini ladite pluralité. C'est la musique complexe qui est un objet-temps, la mélodie n'en est qu'une forme élémentaire puisque le flux musical y coïncide avec le flux de la conscience qui le perçoit et qui n'a donc rien à extraire ou à construire, contrairement aux objets-temps que j'évoque[1].

---

1. C'est pourtant par cela que Husserl définit ses *Zeitobjekt*, ses objets temporels : par l'identité entre le flux qu'ils comportent et le flux de conscience. En quoi ils sont très différents de nos objets-temps.

La musique comme lecture sonore fait donc sur le temps un travail d'une diversité *inouïe* : mise en espaces, travail sur les trois temps, passé présent et futur, où les trois temps se lient dans la présence de l'inconscient, présence qui joue le rôle de quatrième temps « neutre ». Ce travail joue sur l'attente et l'imprévu ; il convoque nos rapports à l'imprévisible, donc aussi à la variabilité, et par là, à l'autre source plus secrète du temps.

En musique aussi, ce sont des espaces qui se bâtissent et s'entrechoquent, s'accumulent ou se succèdent, s'élèvent et s'effondrent ; c'est une vie spatiale que donne le temps musical ou qui le révèle, dans un travail sur l'espace et le temps ; un travail de l'espace et de sa fusion avec le temps pour produire l'espace-temps musical. Il réagit sur le corps des interprètes et de l'auditeur, vu que leur corps c'est leur premier espace-temps. Ce travail articule des espaces et les transforme ; l'espacement en musique a lieu au niveau des fibrés, au-dessus du passage du temps mais porté par lui[2].

2. Des musiciens, comme Ligeti ou John Cage, y ont pensé à partir d'une question concrète : qu'en est-il lorsqu'on varie dans l'espace la position de la source sonore ? C'est un cas particulier de l'espacement du temps. Ou à partir d'orchestres où les instruments n'ont pas le même tempo, et ont donc un léger décalage ; on peut se demander s'il y a un temps global qui émerge, mais ce qui est sûr c'est qu'un espace se constitue, voire une forme dont peut se déduire un temps spectral.

44.

# Le temps comme forme de l'être

Le rapport entre passé et mémoire est moins simple qu'on ne le pense. La mémoire, dont la fonction officielle est de « retenir » les choses, moyennant quoi elle nous retient aussi, outrepasse ce rôle, elle exhibe aussi des traces qui anticipent l'événement à venir, et des rappels d'un temps qui n'a pas passé, qui était là comme en réserve, ou qui ne devient du temps que lorsqu'on le percute.

Le temps (de l'événement ou de la durée) dépasse les mémoires disponibles, et constitue, dans son passage, un appel infini de « lecture » qui excède nos capacités mais qui nous donne de quoi prélever d'autres durées dans le passé et les combiner avec celles qui surviennent. La mémoire est une multiplicité où tel processus prélève de quoi passer d'un pôle à l'autre (entre le réversible et l'irréversible, l'implicite et l'explicite, etc.).

On parle facilement du « hors-temps », mais est-il vraiment possible pour nous ? De l'espace hors temps, ça ne fait pas « corps », et nous sommes des corps ; un tel espace serait sans retour ni repli. Dans certaines trouées de l'univers – ou de notre savoir sur lui –, quand le temps perd son sens, l'espace le perd aussi. L'inconscient serait un bon candidat pour le hors-temps, mais on a vu que le temps, pour advenir ou se renouveler, en passe par lui. Reste l'éternité, qui n'est pas l'absence de temps mais le « lieu » abstrait où se prélèvent tous les temps possibles, celui de l'instant, de la durée, du retour, de la création ; tous les temps de l'être, à l'infini[1].

L'être n'est pas seulement ce qui fait être tout ce-qui-est, c'est tout le travail du verbe « être » lorsqu'il devient verbe de l'être, disponibilité du verbe pour puiser de quoi être – parfois même un peu au-delà de ce qu'on est. Dans cet écart le temps s'infiltre, on le sent bien dans certaines épreuves. Par exemple, la douleur donne une double idée du temps ; il ne passe pas : souffrir c'est attendre que ça passe ou avoir peur que ça revienne ; or il ne peut pas ne pas passer : il faut bien qu'une durée cesse pour qu'il y ait de la durée, que d'autres grains de temps soient charriés pour que le monde reste vivant. On compte sur l'infini pour que l'être s'ouvre à lui-même, au mouvement qui active les durées et « redispose » des temps retenus. Ce qui nous sauve du temps néfaste, c'est l'*autre* événement qui à son tour, comme bouffée d'être, appelle le temps.

En somme, le temps est la forme sous laquelle l'être se manifeste. L'être au sens qu'on a dit et pas au sens où l'on parle de « mon » être, « ton » être, « réaliser pleinement son être » car c'est confondre l'être avec l'*étant* – réel ou personnel. D'autres réduisent la question de l'être à celle de la place : où *êtes*-vous ? d'*où* parlez-vous ?... Bien sûr, il faut pouvoir *signaler sa position*, c'est d'ailleurs un grand problème en physique, encore faut-il

1. Nietzsche dit que « Toute joie veut l'éternité ». La joie, comme tension heureuse face à l'infini des possibles, fantasme l'invariance absolue, mais comme mouvement qui relie le sujet au temps de l'être (*via* l'événement qui lui arrive), elle veut le retour d'être qui la renouvelle ; et c'est ce retour qui « proviendrait » de l'éternité.

en avoir une dont on puisse être conscient ; cela suppose que le lieu d'être est déjà là et partagé, qu'il y a juste à *dire*, comme des joueurs de cartes qui « disent » après la donne. Mais ce qui fait question, c'est le don de l'être, du lieu, du temps, le don du nom, de la possibilité d'appeler ou d'être appelé (à être) ; le temps et l'être convergent dans l'appel et le rappel.

45.

# Le voyage et le temps

Dans son poème, Baudelaire a bien senti que la vérité du voyage est d'être aux prises avec le temps, et son recours pour se dégager de l'emprise du temps, c'est de « lever » « l'encre » c'est-à-dire d'écrire : « [...] il est temps, levons l'ancre, ce pays nous ennuie... Si le ciel et la mer sont noirs comme de l'encre, / Nos cœurs que tu connais sont remplis de rayons ! » « Lorsqu'enfin il [le Temps] mettra le pied sur notre échine / Nous pourrons espérer et crier : en avant ! / De même qu'autrefois nous partions pour la Chine / Les yeux fixés au large et les cheveux au vent. » La mer, l'encre, la Chine... c'est le voyage *de l'écriture* pour se dégager de l'« ennemi vigilant et funeste », « le Temps ». Il s'agit de l'affronter pour en extraire d'autres éclats que ceux de la nostalgie, et d'autres voies que celles du retour à l'origine, ou à ce dont on décide que ce sera l'origine. « Faut-il partir ? rester ? Si tu peux rester, reste, / Pars, s'il le faut... » Baudelaire ne dit pas que c'est égal, il suggère d'affronter l'être et l'événement, l'entre-deux ou l'entre-temps, entre le moment où le temps « ennemi » nous monte sur l'échine et la trouvaille du poème porteur de temps, c'est-à-dire de son objet-temps majeur. Pour lui, ce qui pousse à ce qu'on embarque vers l'Inconnu, figure radicale de l'infini et de l'être, c'est l'espoir du nouveau, de la trouvaille qui témoigne du feu de la vie où l'espace et le temps fusionnent dans l'alchimie qui nous échappe. Mais n'est-ce pas ce qui hante tout vrai artiste ?

Les artistes travaillent le temps. Ils habitent un espace fictif le temps qu'il faut pour le produire comme objet-temps. Ils y déposent du temps possible que nous devons savoir prendre après leur acte de créer cet objet puis de s'en dessaisir et de nous l'offrir comme fenêtre sur leur monde. L'œuvre d'art réussie est comme telle un événement de perception et de pensée. C'est pour nous un instant d'être contemplatif qui ouvre dans le vide du quotidien des replis d'espace-temps inconnus mais réels[1]. Outre les chercheurs en physique, les artistes sont les rares qui s'occupent de la genèse d'un espace réel fait de gestes et de paroles qui prennent corps, et ils y mettent du temps.

L'acte créatif produit un *espacement de temps*, avec des langages matériels où le temps-mémoire émerge et se mêle à d'autres temps. Cet acte repense l'espace comme présence de matière, agencement de corps, moyen de retenir et de libérer le temps pluriel de la mémoire.

Bien sûr, les artistes ont vocation de « détruire » le monde pour le refaire, et leurs œuvres sont en un sens une ruine du monde qui se transcende, et qui riposte au monde surtout quand il s'offre comme citadelle de béton culturel ou psychique. Pour cela, ils essaient d'y injecter des *objets-temps*

1. Voir *Création, op. cit.*, ainsi que *Fantasmes d'artistes.*
Ce ne sont pas seulement des productions qui aboutissent, mais des retournements du vide qui cachait l'œuvre naissante et où soudain se révèle une vision neuve qui était là quelque part et maintenant la voici mise en lumière, exposée au plein feu des projecteurs et de nos regards avec des centaines d'autres dans une grande Foire où ça se chiffre par milliards.

appropriés, des fragments de temps-mémoire ; la citadelle reste imprenable, mais quelque chose passe quand l'objet-temps est une œuvre forte, d'art, de science ou de pensée.

La ruine aussi et le monument semblent offrir un voyage dans le temps. La ruine est une forme où s'entremêlent espace et temps, elle évoque bien l'émergence du temps qui s'espace. En elle convergent des flux de temps, y compris ceux qui l'ont « achevée » et en ont fait un objet chargé de temps. Et quand une ruine reprend vie tout en restant ce qu'elle est, il se produit comme une sidération du temps[2].

Si les monuments antiques nous parlent, c'est que ce sont des blocs de temps qui attendent d'être déchiffrés, racontés, avec sans doute un résidu irracontable, gisement de temps par où passe l'avenir pour se produire. Et il n'est pas le seul, car *où va le passé quand il est passé ?* Il va s'offrir comme matériau pour des objets-temps possibles ; pour des reprises de temps en mal d'origine.

2. Exemple, la vieille ville de Jérusalem, qui fut pour les tenants de la Bible qui en avaient le culte un lieu de ruine mythique, originel, un objet de désir, d'imploration, de prière, de deuil et de manque (ils ne pouvaient y être qu'en posture soumise ou persécutée). Lorsqu'ils ont repris ce lieu (en juin 1967, par l'effet de plusieurs hasards et de quelques nécessités dont la rencontre fut pour eux un « miracle »), l'Objet s'est présenté dans le réel, reliant toutes les attentes frustrées, faisant sauter toute une chape de la mémoire, il remontait à la surface après avoir été enfoui sous une dalle de déni millénaire. Cette remontée du temps fut pour eux une sorte d'apparition : l'objet était là, dans sa nudité réelle ; sous leurs yeux, le passé immémorial devenait présent, lui qui n'était retenu que par le Texte et par les voix qui le chantaient au fil des siècles. Ce présent ramenait vers le passé lointain qui semblait restituer le temps *invécu*, le bloc de temps qui attendait depuis vingt siècles qu'on vienne le prendre.

46.

# Prises du temps

Dans certains cadres physiques, c'est l'accroissement de l'entropie ou du « désordre » qui oriente le temps. Accroissement qui se formule aussi comme une perte d'information. Celle-ci étant une différence transmissible, le cours du temps serait donc modulé sur des flux d'impulsions différentielles, des transmissions de différences. Mais il y a un retournement : si elle comporte des pertes, la transmission d'une différence peut aussi apporter un supplément d'information qui inverse la perte « initiale », donc le cours *supposé* du temps. Autrement dit, au cœur de l'irréversible émerge une réversion, non pas, bien sûr, un retour à l'état initial, mais un *retournement avec création de « nouveau »*. C'est qu'une différence se transmet *via* des contextes qui lui sont partiellement étrangers. C'est ce qui lui permet de capter d'autres bribes du contexte pour se moduler ; de sorte qu'elle change et qu'elle suscite d'autres messages inattendus. Une différence s'articule avec d'autres à travers des pertes et des gains *imprévus*. Preuve de plus que le hasard est crucial dans la mise en place du temps.

Reprenons ce trait curieux de l'hébreu biblique : la conjonction « et » permute le passé et le futur. « *Et* ils viendront » signifie : « ils sont venus » ; « *Et* ce jour-là il y eut » signifie : « ce jour-là il y aura ». Ce « et » qui en principe exprime la succession ou l'« ensuite » déplace l'action du passé au futur et inversement, sans traverser le présent. Ce « et » est comme un après-coup : vous l'ajoutez à ce qui vient, et vous voilà dans ce qui fut. À travers lui, l'avenir change le passé. Il vous dit aussi : insistez sur le passé et vous aurez un brin d'avenir[1].

D'où vient donc cette cheville narrative, cette impulsion essentielle du récit, ce « et » bizarre qui connecte le passé et le futur dans les deux sens sans qu'il y ait de l'irréversible, comme s'il y avait des passerelles au niveau des fibres ? Le Texte est l'œuvre de scribes ou de récitants qui vivaient un présent éprouvant et ingrat, coincé entre un passé glorieux et un futur sans rien d'autre que l'espoir. Contexte dramatique, prolongé où les sujets concernés n'ont plus de lieu d'être matériel, ce qui revient à être souvent « sans lieu » où qu'on aille. Quant au lieu d'être spirituel, ils le découpent dans le Temps en rythmant celui-ci de moments singuliers, de rencontres rituelles avec le Dieu faites aussi de dialogues avec lui, voire d'empoignades. Et comme le Dieu conjugue dans son nom l'être à tous les temps, ces dialogues concernent leur rapport au temps, à l'existence[2]. Rapport qui se vit collectivement *via* des cycles de temps et des symboles qui structurent la vie du groupe et de chacun. Dans ce contexte flottant où le présent est instable, les narrateurs se sont permis d'exhausser le temps, de le surélever pour ainsi dire au-dessus de la réalité

1. La langue arabe pourtant très proche n'a pas ce « et conversif », elle n'a pas connu un présent si désespérant qu'il pousse à faire sans cesse l'aller-retour passé-futur, ou elle ne l'a connu que lorsqu'elle était déjà formée.
2. Pour la structure de ce tétragramme YHVH, voir *Question d'être*.

pour faire communiquer le passé et l'avenir « par-dessus » le présent. Ils s'autorisent pour cela d'une sorte de loi qui dirait que ce destin doit être dit, raconté et transmis quoi qu'il en soit ; au point que le groupe en question se définit par cette transmission même, avec ses pertes et ses trouvailles. Ce ET qui assure l'aller-retour passé-futur semble dire ou espérer que ce qui s'est passé puisse revenir et que ce qui s'annonce à venir croise le passé qu'on a connu, donc s'ajoute au présent. C'est étrange et singulier avec pourtant quelque chose d'universel : le temps est une masse infinie d'histoires qu'aucun récit n'épuise ; des histoires où l'avenir du passé n'est pas tout à fait le présent (lequel n'est pas non plus le passé de l'avenir qui vient). Le présent se tient sagement en position de faux témoin près d'une intense circulation entre passé et avenir, aller et retour. Il reste stable et il écoute en souriant ce qu'on dit de lui, à savoir qu'aussitôt nommé, il disparaît. De fait, le présent est le seul « temps » dont on s'échappe par la rêverie, la pensée et l'imagination.

Un des effets est le Dieu est surchargé de temps le tétragramme YHWH comporte cinq temps, le passé, présent, futur, auxquels s'ajoutent, grâce au « et » conversif, un futur venant du passé et un passé venant du futur.

Mais revenons au geste de « prendre le temps » : rencontrer l'objet investi ou désiré et s'y accrocher puis compter jusqu'à ce qu'apparaisse un autre événement. Compter la durée, ce dont les montres se chargent très bien, et compter soi-même, faire là quelque chose qui compte pour soi et sans doute pour des tiers, donc inscrire une valeur, laquelle suppose que l'objet aussi en a ; l'objet-temps qu'on déroule ou dont on extrait au moins un fil narratif.

Il s'ensuit bien des conséquences. Par exemple, celui qui se plaint d'avoir mal usé de son temps ou de l'avoir perdu, se plaint en fait de vivre mal le dialogue avec le temps à travers l'objet qui déclenche la durée et l'événement de sa rencontre[3].

On voit que le temps n'est pas une substance à gérer de façon optimale ou rationnelle. Ceci supposerait qu'il soit antérieur à la rencontre qu'on en fait à travers un objet-événement ou une durée qu'on déroule en attendant l'autre événement. L'idée de « maîtriser » le temps, propre aux gestionnaires, signifie simplement accomplir toutes ses tâches et faire en sorte que ça fonctionne, qu'il n'y ait pas d'événement renversant.

L'expression prendre « son » temps a le mérite de rappeler qu'on a chacun un temps propre, une façon singulière de se l'approprier, c'est-à-dire de le dérouler à partir d'un objet-temps et de l'événement qui s'y rattache. Avec le « son » de prendre « son » temps, on s'est déjà reconnu dans l'objet qu'on a accroché, ainsi que dans l'événement de sa rencontre. Pour les artistes, les chercheurs, les écrivains, la question se pose à peine, vu l'évidence de l'objet et de l'événement.

On prend donc le temps à travers l'objet-événement et la durée qui s'ensuit pourvu que « ça » compte. Et parfois on ne le sait qu'après coup ; quand c'est presque achevé. Il arrive même qu'on revienne sur nos comptes ; on les refait, on trouve que le compte n'y est pas et qu'on a donc perdu son temps. C'est comme de perdre au jeu ; et la vie a quelque chose d'un jeu : c'est le jeu de l'être ou de l'infini des possibles. Parfois,

3. Il peut aussi avoir des problèmes avec la chronologie. Par exemple, des adeptes d'une religion croient que leur Livre précède celui d'une religion antérieure dont il s'inspire ; cela peut produire de vrais troubles dans le rapport au temps et plus largement au réel.

votre temps se trouve tout seul et vous fait signe, sans qu'il y ait à le chercher.

On peut nuancer le mot de Pascal selon lequel l'homme, ne pouvant pas rester tranquille dans sa chambre, ce qui fait son grand malheur, il lui faut des distractions. C'est ce lien de conséquence qui est boiteux ; certes l'homme ne peut pas rester seul donc il a besoin de faire des choses qui comptent pour lui et pour d'autres, car lui seul à ses yeux ne peut pas vraiment compter, il faut des objets-temps pour ça.

Et qu'en est-il de ceux à qui on prend le tout de leur temps, la vie ? Ceux qu'on tue, dont la mort compte diversement. Par exemple, ceux qu'on a gazés par millions sous le nazisme ont perdu le tout de leur temps, leur vie, mais cette perte a compté, elle a déchiré le voile dont se pare la veulerie humaine, qui se révèle intacte quels que soient les progrès de la morale, de l'éthique et de la culture. Savoir que le moraliste qu'on a devant soi (peut-être soi-même) aurait pu cautionner ça n'est pas un savoir inutile, cela entame toutes les certitudes. Heureusement cela n'empêche pas d'en chercher, avec le flux habituel et le reflux des illusions : les perdre quand il y en a trop, et s'en refaire quand ça manque.

Ceux qui échouent à « prendre » le temps parlent de sa fuite inexorable. Mais la fuite du temps n'est en soi ni un risque ni un danger, elle est naturelle, rien ne l'arrête et rien ne peut nous la cacher ; c'est la fuite du temps en vain qui est dure à soutenir avec un compte nul et un non-événement. Ce qui angoisse ce n'est pas le temps c'est, dans le rapport au temps, l'absence de repère fiable qui dirait si on compte, si on est à la hauteur de soi-même. Or *il importe que ce repère soit manquant*, sinon on serait tous alignés sous son égide.

Le pire est d'entrer dans le compte des autres sans que notre désir y soit présent et de consommer des temps qui ne sont pas les nôtres. Alors notre temps n'est plus prenable, il est coupé à la racine, et nos objets-temps n'arrivent plus à émerger.

47.

# Origine, coupure et loi

Que le temps émerge ou qu'on le prélève, c'est toujours selon une « loi ». On a vu que, dans une dynamique, le temps est moins la variable *t* que le couplage entre les conditions initiales (c'est-à-dire l'origine) et la suite. Dans la « vie », on est toujours sous l'effet de conditions initiales, mais leur récit change d'une fois sur l'autre, et c'est sans doute par là que le sujet retrouve la variabilité. Un sujet en analyse raconte un fragment de sa vie ; il peut changer les conditions initiales sans même s'en apercevoir, et la suite s'en ressent. Cela prouve au moins qu'il n'est pas absolument déterminé. Pourtant, les conditions initiales ont existé « objectivement », mais pour qui ? Leur existence est en suspens, en attente d'un après-coup qui permettra leur couplage avec la suite[1].

Autre exemple : le temps fondateur d'un grand collectif, marqué de mythe, de fantasme et de violence, se pose comme

1. De même, le temps commun n'est pas un temps objectif et hors sujet, il dépend des rapports de forces et de pouvoir. Exemple simple, si l'on observe l'évolution des horaires dans un service public, comme l'hôpital, la poste ou l'école, on découvre des rapports de forces inouïs et des luttes secrètes où le plus fort l'emporte, mais les vaincus résistent pour ce qui est de définir ce temps commun et son partage.

origine qui produit des récits, des approches du temps ; celles-ci convergent vers une certaine unité sous le signe d'une loi qui ne cesse de se déployer. C'est ce déploiement qui porte le temps ponctué d'événements. L'origine couplée avec la loi donne le temps du groupe, et fait du groupe un objet-temps qui métamorphose l'origine, faisant varier l'identité tout en la stabilisant.

Compte tenu des autres cas évoqués, on peut penser que le temps se prélève dans le temps de l'être sous le signe d'une loi. Elle induit souvent une certaine culpabilité qu'on pourrait appeler « faute de temps », vécue comme un manque de temps vivant, de temps où l'on exprime quelque chose de soi, qui lui aussi relève d'une loi, celle du désir. Parfois le temps se prélève sous le signe d'un acte qui fait loi. La loi peut être aussi une *deadline* qui impose l'échéance, laquelle fixe l'avenir bizarrement, elle le donne et le confisque.

Or l'avenir est rempli d'échéances, à commencer par la vraie *deadline* où chacun finit son « film » ; le passé aussi en est plein : souvenirs d'enfance ou d'événements qui ont marqué. Sans des actes de cet ordre, le temps serait imprenable, on n'aurait pas de quoi le prendre. Et bien qu'on ait ces deux « prises » sous le signe d'une loi banale (naissance et mort, début et fin, avant après), il faut des échéances et des rappels pour sentir le temps passé et à venir. Autrement, on est dans un *flottement présent*, dans une présence chaotique qu'on ordonne comme on range un logement. Ainsi, pour *toucher* le temps jusqu'à pouvoir le prendre, il faut créer une dynamique, même très simple, ou savoir dans laquelle on est déjà. J'écris ceci sur un bateau qui accoste, je mesure la distance qui diminue et avec elle le temps qui reste, c'est très long car j'anticipe, le voyage a assez duré. Le fait est bien connu, *quand ce qu'on désire approche, le temps semble très long*. Puis on accoste et le temps se remet à flotter, attendant d'être ponctué par un geste ou par telle « prise » sur le passé et l'avenir, sous le signe de lois variables.

Le geste minimal de la prise de temps, celui de fixer une origine et de compter, suggère que souvent l'origine semble faire loi. Mais l'essentiel est la manière de compter. Normalement, on ne peut pas vivre « dans » son origine, c'est pourquoi on s'en éloigne, on compte et on raconte la distance qu'on a prise avec elle. *La prise de temps c'est la distance qu'on a prise avec l'origine.* Le temps s'ouvre dans la coupure d'avec l'origine, et c'est cette coupure qui fait place au passage, à la suite qui se transmet.

D'autres approches physiques du temps prennent en compte cette coupure d'avec l'origine. Par exemple l'approche thermodynamique, où le passage du temps est indexé par la perte de chaleur (qui est aussi une mise à distance de l'origine), qui s'exprime aussi par l'accroissement de l'entropie (assimilée au « désordre »), sous des conditions initiales avec une loi et des trajets qui s'ensuivent. Il y a aussi l'approche du temps du point de vue où l'ordre émerge à travers le désordre. De même, dans le modèle biologique, la coupure se déploie et se ramifie en une vague de différenciations créatrices de nouveauté, dévoilant ce qui est de l'ordre de la loi. Cela produit des agencements d'organes en prise sur un langage qui les crée, et qui rattache leur vie naissante à un mouvement signifiant. Ici encore, il y a une *dynamique entre conditions initiales et devenir.* Dans tous les cas, on suppose un savoir à l'origine et cela limite l'éventail infini des possibles tout en forçant ces possibles à s'exprimer.

Donc le « déterminisme » n'est pas intemporel et ne s'oppose pas à l'histoire ; déterminisme et histoire sont de part et d'autre d'une différence qu'ils activent, une différence du même ordre qu'entre les « données initiales » et l'évolution qui s'ensuit. Déterminisme et histoire sont deux modes de prélèvement du temps et d'émergence de loi dans une temporalité vivante, vécue par des hommes réels pris dans des liens symboliques. *Le temps n'est pas dans l'origine, il est dans la « lecture » de la loi qui la déroule, loi dont l'écriture reste inachevée, dépendante de cette lecture et de ses interprétations.*

Pourtant, des textes historiques ou fictionnels sont portés par un déterminisme implacable, qu'ils contribuent à maintenir grâce à leurs flux narratifs. Ils n'illustrent pas une « loi », ils remettent en acte ses possibilités.

Par ailleurs, on se figure le temps au moyen de *coïncidences* : lorsque l'aiguille de la montre coïncide avec le chiffre, ou l'image actuelle avec le souvenir, ou l'arrivée de l'événement avec l'attente qui l'accueille. C'est un cas particulier d'un mode plus vaste d'émergence temporelle où le temps semble une frontière qui court parmi ses multiplicités possibles (car le temps est une multiplicité, ce sont nos discours et nos choix le concernant qui forcent en lui telle ou telle dimension) ; frontière que la « loi » veut cerner et déjà discerner entre passé et avenir, qui se touchent dans l'inconscient et pas seulement dans le présent. D'où la forme quaternaire du temps : *passé, futur, présent et inconscient.* Les liens qui les nouent et les combinent sont complexes, le champ clinique en témoigne de même que celui de la physique. La tension qui tient ensemble passé présent et futur doit inclure l'inconscient et donc élargir sa nodalité.

# Conclusion

Nous avons supposé qu'à chaque instant, figuré par un point de la droite, peut s'associer un faisceau de fibres d'où peuvent surgir des instants et des durées tout autres, qui dépendent de la manière dont on les prend. Il y aurait donc un temps patent et un latent. La vie elle-même nous suggère qu'on a au moins deux temps : celui des agendas et l'autre qui, en nous, fait des éclats, émet des instants, des *quanta* temporels qui s'illuminent quand c'est la bonne longueur d'onde, quand il y a de la création et de l'amour. Ce Cantique des quantiques mérite d'être écouté, et il l'est, sauf quand on est trop pris par le temps. Si c'est votre cas, demandez-vous quel est cet autre qui vous a pris dans son cadran et enfermé dans son cadre. Est-ce votre employeur ? Votre destin ? Votre symptôme ? Tentez alors de trouver la bonne secousse pour vous sortir du temps de l'autre et accéder à l'autre temps. Il faut savoir se distancer du temps patent pour que s'exprime cette latence temporelle qui nous habite, qui ressemble trop souvent à de l'attente, pleine de prétextes qui cachent le texte ou la texture.

Certains font cette découverte à la mort d'un être cher ou après une rupture : le temps est compté. Mais cette grosse évidence cache l'essentiel qui est de compter soi-même, à tous les sens du terme, de faire des choses qui comptent pour soi, d'exprimer le temps accumulé en soi, qui attend d'être pris et pensé, voire dépensé ; de mener le dialogue entre soi et ses fibres, de s'explorer en tant qu'objet porteur de temps. D'autres reçoivent de plein fouet cette autre révélation : le temps passe, et ils trouvent que c'est tragique. Ils aimeraient même que cet instant-ci où leur bonheur semble « absolu » ne passe pas, qu'il s'arrête et qu'il dure. Mais pour qu'il y ait de la durée, il faut que l'instant cesse ; l'instant et la durée sont de deux ordres irréductibles. Le problème de ces gens ne porte pas sur le temps mais sur leur pouvoir d'être heureux. Leur fantasme est de fixer le bon instant et que la vie continue en pilotage automatique, tant ils paraissent encombrés par leur temps propre qui leur fait signe.

Plus sagement, beaucoup s'accrochent à une origine et se mettent à compter, à dérouler le fil d'un récit. C'est ainsi que l'araignée tisse sa toile et l'humain la texture de sa vie. Mais l'homme n'est pas qu'une araignée prédatrice, il compte pour les autres, il compte avec eux. Et son fil devient une trame de nœuds, de tresses, de toiles tendues déchirées et recousues, une trame si compliquée qu'il perd souvent le fil. Certes, il peut le renouer mais il en oublie de compter, ou de changer sa manière de compter, puisque parfois on doit changer de langue ou d'échelle de valeurs. Dans cet oubli, il se laisse absorber par le compte banal, celui du temps qui court et qu'on rattrape, qui relève de la pure gestion. On ne fait souvent que gérer les comptes du temps courant, les comptes courants des temps « donnés » ou imposés. Il s'y joue tant de symptômes et de pouvoir, entre le cadrage et le vécu, que cela prend tout le temps visible et qu'il ne reste pas grand-chose pour questionner un autre temps, encore moins pour le chercher ou le produire.

Il y a une certaine unité entre les notions que nous avons fait travailler : objets-temps, fibrations, feuilletages temporels et prises de temps. Toutes vont dans le sens de suggérer qu'on n'est pas seul devant un temps déterminé et uniforme, celui des montres, mais qu'à travers les fibres et les objets-temps, on peut se décaler par rapport au temps banal et prendre en compte l'infini des possibles où se prélève l'autre temps. Nous sommes alors dans la texture d'un dialogue qui nous fait *gagner le temps* comme un naufragé gagne la rive. Ce que l'on vit, c'est la rencontre avec l'objet dont on déroule une durée à partir de l'événement qu'a été sa rencontre ; comme celle des fibres et des feuilletages au-dessus du temps qui semble d'abord neutre et fugace.

Nous sommes aussi des objets-temps, pas seulement des « temps propres », et nos rencontres avec l'autre sont elles-mêmes des objets-temps, avec leur masse de transferts et de symptômes, de fixations et de trajets, d'instants et d'événements. *Les objets-temps et les fibrés qui surmontent le temps courant sont les passeurs de l'autre temps, juste au-delà du temps patent.*

Nous sommes nous-mêmes des objets-temps porteurs d'une temporalité qui s'impatiente d'être extraite et remise en jeu. Nous sommes *sujets* au temps qui émerge dans le rapport aux autres, à partir de fibrations qui sont les nôtres, les leurs et celles du monde. Elles se présentent dans mainte situation mais, si on laisse aller, elles passent sans autres traces que dans les horloges. Chacun est un objet temps qui déroule des durées à partir de son origine. Il ne tient qu'à lui de la voir comme multiple ou de la réduire à sa « culture », sa naissance ou sa « famille » (spirituelle). Ou au contraire de produire de nouvelles origines, de nouveaux départs d'où découlent des durées hétérogènes, chaque départ étant lui-même un événement précédé d'autres durées. Il y a aussi des départs déjà « donnés » et qu'on oublie, des origines déjà inscrites et inconscientes qui produisent leur durée en silence, leur récit qui se découvre après coup, quand on a « pris conscience ».

La science a peu dérangé notre désir de penser le temps. La relativité a confirmé notre intuition en nous prévenant : nous n'avons pas tous le même temps, les mêmes durées, les mêmes origines. Impossible de passer outre (et d'universaliser) sans prendre en compte l'écart entre les durées, soit pour les coordonner soit pour reconnaître qu'elles sont irréductibles, et que l'une n'a pour l'autre aucun sens. (Cela fait du bien de savoir qu'il y a des temps qui ne peuvent pas communiquer.) Le quantique, lui, nous dit que le temps n'est pas indispensable pour décrire son univers, mais que, s'il le faut, on peut le faire émerger. Or si la science laisse un temps propre à chacun, raison de plus pour chacun d'en explorer l'altérité.

Reste donc à prendre le temps plutôt qu'à être pris par lui. Il y a comme une pulsion qui nous y pousse, une pulsion temporelle, un besoin de prendre le temps, même pour le perdre, (tout comme il y a une pulsion de « faire » qui est aux sources de la technique et qui nous pousse à faire même si ce n'est pas très bien fait). Reste à dégager du temps au-delà des gestions, dans les situations où il s'offre comme enfoui, retiré, réservé, voire absent, et où pourtant quelque chose est à vivre, à ressentir et à penser. Les meilleures prises de temps, dites créatives, taillent dans le vif, par le geste ou la pensée, de quoi extraire du temps dans des choses qui s'y dérobent en apparence ; des choses allant du symptôme à une situation quantique en passant par l'œuvre d'art ou par une quête proustienne, celle d'une mémoire qui se produit elle-même comme l'objet qu'elle recherche.

Ces prises sont fécondes car le temps de la création se donne pour être pris et élevé comme un nouveau-né qui jaillit, un sujet qui se renouvelle, un danseur créatif qui prélève du temps linéaire et y met assez de corps et de présence pour en faire un instant corporel, une présence de corps naissant à soi et au monde, un pur objet *sujet* au temps qu'il donne à vivre. Tout comme aussi le temps de l'œuvre qui n'est pas hors d'elle mais lui est intrinsèque.

Voilà ce qui nous appelle à prendre le temps autre, donc le temps autrement. Et déjà à protéger son temps propre dans la vague déferlante d'un temps « grillé », consumé par les grilles, défini par un règlement qui se prend pour la loi. Le protéger des mauvaises prises de temps qui coincent le sujet sur la ligne numérique sans rapport avec les fibres, sans jeu ni interprétation.

Plutôt qu'être objet du temps de l'autre, être objet-temps en recherche de l'autre temps.

# Annexe mathématique

## *Dégagement mathématique du temps dans deux modèles*

On peut extraire du temps de certaines structures mathématiques où il ne figure pas au départ. Voici deux exemples majeurs.

L'ensemble des observables d'une situation quantique forme une algèbre de von Neumann non commutative (où l'on fait la différence entre AB et BA, où donc l'ordre des lettres compte, comme dans la lecture). Dans cette algèbre, on a pu démontrer (Tomita et Takezaki) l'existence d'un groupe à un paramètre, puis A. Connes a montré l'unicité de ce groupe, lequel paramètre sera identifié au temps, c'est-à-dire à la durée ; le groupe ne dépend que de l'algèbre, pas de l'état ; cela révèle que cette algèbre d'opérateurs sur le Hilbert évolue avec le temps, qu'elle est elle-même prise dans le temps[1]. Cela permet de dégager

1. En fait, ce qu'Alain Connes a démontré c'est l'unicité du groupe, modulo les automorphismes intérieurs ; cela signifie que l'unicité du groupe qui donne le temps est globale, ou que le défaut d'unicité est local, autrement dit, il y a localement de petites perturbations, comme un même bruit qui se répète, mais globalement c'est invariant.

du temps, et d'exprimer que le déroulement d'une histoire est orienté. Dans ce cadre, adapté au monde quantique, il y a émergence du temps grâce à la non-commutativité, c'est-à-dire grâce au fait que la lecture est orientée[2]. On voit au passage que, même si la mécanique quantique ébranle elle aussi l'idée de temps, cela n'empêche pas de la reconstruire et de faire émerger du temps[3].

Ajoutons que, selon A. Connes, le fait qu'on ne sait pas tout dans l'algèbre des observables, et qui joue un rôle crucial dans l'impression que le temps passe, tient à ce que l'espace est « factorisé » en une série de sous-espaces, qui expriment des sous-systèmes, et que si on est dans l'un d'eux, on n'accède pas aux autres facteurs.

Dans notre approche, cela veut dire que *le temps passe parce qu'on ne sait pas tout, autrement dit parce qu'il y a de l'inconscient.*

L'autre exemple évoqué provient de la Théorie du potentiel[4] ; là aussi, le fait de pouvoir dégager du temps à partir d'une situation où au départ il n'y en a pas, repose sur des familles d'opérateurs, appelées résolvantes, que l'on fabrique à partir d'un cône de fonctions. On part d'un tel ensemble muni de propriétés intrinsèques telles qu'on peut, à chaque fonction, associer une « réduite », puis une « famille résolvante », puis un

2. Le rôle du non-commutatif, essentiel, fut découvert par W. Heisenberg quand il s'aperçut que les quantités observables en mécanique quantique devaient être pensées non comme des nombres mais comme des matrices, c'est-à-dire des opérateurs (qui se présentent comme un espacement de nombres). Et les matrices ne commutent pas entre elles.

3. D'où l'importance de ce travail de Tomita et Connes.

4. Où j'ai travaillé autrefois avec G. Mokobodzki ; ce fut l'objet de mon doctorat de mathématiques, en juin 1967. Voir *Comptes rendus de l'Académie des sciences*, 1967, t 264, p. 15-18 ; p. 238-241 ; p. 506-509 ; t 265 p. 21-24 ; p. 205-220 ; p. 102-105 ; t 266 p. 215-218.

semi-groupe à un paramètre, identifié au temps, et par suite une horloge spécifique à cette fonction. Il s'ensuit un processus markovien, associé à un mouvement brownien, autrement dit à une situation physique réelle.

Un tel cône de fonctions est un objet-temps dont chaque élément est aussi un objet-temps, générateur de déroulement et d'événements, de temps d'arrêt, de singularités. Les fonctions en question sont ce qu'on appelle des potentiels. Le semi-groupe qu'on fabrique à partir de chaque noyau ne dépend que de la structure globale du cône de fonctions, donc le temps qui en résulte est intrinsèque.

Ainsi, l'idée *du temps qui se déduit d'une situation au lieu de la précéder*, et qui rejoint après coup le temps normal qui porte cette situation, m'a travaillé depuis longtemps, sur les plans poétique et mathématique.

Dans les deux cas, le temps n'y était pas et on a pu le faire émerger ; preuve qu'en un sens, il y était virtuellement. Il en va souvent ainsi des objets-temps : le temps en est absent « au départ » mais on peut le faire apparaître au prix d'un certain travail. Ici, un travail mathématique sur des familles d'opérateurs (ceux d'une algèbre de von Neumann et ceux des familles résolvantes produites à partir des noyaux provenant des fonctions du cône). Au fond, le temps émerge non pas d'un monde sans temps mais d'un mode de la présence ; ça émerge du présent, de la présence de l'être.

Ce travail d'émergence, est-il lui-même le temps ou est-il sa révélation ? C'est la vieille question sur l'existence de ce qu'on démontre en mathématiques. Si on démontre que « ça existe », on pourrait dire que « c'était là », et dans ce cas cela revient à en faire la révélation, mais celle-ci peut être elle-même la production de ce qu'elle révèle. Disons qu'on est entre les deux pôles (production et dévoilement) et que ça se décide dans l'entre-deux. La jouissance de la révélation dans l'expérience mathématique porte sur le choc entre *c'était là avant* et *c'est ici maintenant* dans la texture qu'on a tissée. Le tout dans une violence de vérité qui se produit sous nos yeux, sans nous, mais avec nous comme déchiffreurs.

# Table

DU MÊME AUTEUR

**Chez Odile Jacob**

*Un cœur nouveau*, 2019.

*Un amour radical. Croyance et identité*, 2018.

*Coran et Bible en questions et réponses*, 2017.

*Un certain « vivre-ensemble ». Musulmans et juifs dans le monde arabe*, 2016.

*Question d'être. Entre Bible et Heidegger*, 2015.

*Le Grand Malentendu. Islam, Israël, Occident*, 2015.

*Fantasmes d'artistes*, 2014.

*Islam, phobie, culpabilité*, 2013.

*De l'identité à l'existence. L'apport du peuple juif*, 2012.

*Les Sens du rire et de l'humour*, 2010.

*Marrakech, le départ. Roman*, 2009.

*Lectures bibliques*, 2006.

*Don de soi ou partage de soi ? Le drame Lévinas*, 2000.

**Chez d'autres éditeurs**

*L'Enjeu d'exister. Analyse des thérapies*, Seuil, « La couleur des idées », 2007.

*Création. Essai sur l'art contemporain*, Seuil, « La couleur des idées », 2005.

*Fous de l'origine. Journal d'Intifada*, Christian Bourgois, 2005.

*Peter Klasen*, Cercle d'art, 2005.

*Le Choc des religions. Juifs, chrétiens, musulmans* (avec Dalil Boubakeur et Pierre Lambert, sous la direction de François Celier), Presses de la Renaissance, 2004.

*L'Énigme antisémite*, Seuil, 2004.

*Proche-Orient, psychanalyse d'un conflit*, Seuil, « La couleur des idées », 2003.

*Nom de Dieu. Par-delà les trois monothéismes*, Seuil, « La couleur des idées », 2002 ; « Points essais », 2006.

*Psychanalyse et judaïsme. Questions de transmission*, Flammarion, « Champs », 2001.

*Événements III. Psychopathologie de l'actuel*, Seuil, « La couleur des idées », 1999 ; « Points essais », 2001.

*Violence. Traversées*, Seuil, « La couleur des idées », 1998.

*Le « Racisme », une haine identitaire*, Christian Bourgois, 1997 ; Seuil, « Points essais », 2001. Reprend *Écrits sur le racisme*, Christian Bourgois, 1986.

*Le Jeu et la Passe. Identité et théâtre*, Seuil, 1997.

*Antonio Seguí*, Cercle d'art, 1996.

*Le Corps et sa danse*, Seuil, « La couleur des idées », 1995 ; « Points essais », 1998.

*Événements II. Psychopathologie du quotidien*, Seuil, « La couleur des idées », 1994 ; « Points essais », 1995.

*Le Peuple « psy ». Situation actuelle de la psychanalyse*, Balland, 1993 ; Seuil, « Points essais », 2007.

*Les Trois Monothéismes. Juifs, chrétiens, musulmans entre leurs sources et leurs destins*, Seuil, 1992 ; « Points essais », 1997.

*Événements I. Psychopathologie du quotidien*, Seuil, « Points essais », 1995. Reprend *Du vécu et de l'invivable*, Albin Michel, 1992.

*Entre-deux. L'origine en partage*, Seuil, « La couleur des idées », 1991 ; « Points essais », 1998.

*Entre dire et faire. Penser la technique*, Grasset, 1989.

*Avec Shakespeare. Éclats et passions en douze pièces*, Grasset, 1988 ; Seuil, « Points essais », 2003.

*Perversions. Dialogues sur des folies « actuelles »*, Grasset, 1987 ; Seuil, « Points essais », 2000.

*Le Féminin et la Séduction*, Le Livre de poche, 1987.

*Jouissances du dire. Nouveaux essais sur une transmission d'inconscient*, Grasset, 1985.

*L'Amour inconscient. Au-delà du principe de séduction*, Grasset, 1983.

*La Juive. Une transmission d'inconscient*, Grasset, 1983.

*Le Groupe inconscient. Le lien et la peur*, Christian Bourgois, 1980.

*L'Autre incastrable. Psychanalyse-écritures*, Seuil, 1978.

*La Haine du désir*, Christian Bourgois, « Titres », 2008, 3e édition (1978, 1994).

*Le Nom et le Corps*, Seuil, 1974.

danielsibony1@gmail.com
www.danielsibony.com

Cet ouvrage a été composé
en Adobe Garamond Pro
par Nord Compo
à Villeneuve-d'Ascq (Nord).

N° d'édition 7381-5282-X – N° d'impression : 102067197
Dépôt légal : octobre 2020

*Imprimé en France par Présence Graphique - Monts (37)*